心一堂當代術數文庫 堪輿類

玄空風水心得（二）——沈氏玄空學研究心得

附 流年飛星佈局

研究、破解沈氏玄空奧秘必讀之作

李泗達 著

書名：玄空風水心得(二)——沈氏玄空學研究心得
附 流年飛星佈局
系列：心一堂當代術數文庫・堪輿類
作者：李泗達
主編、責任編輯：陳劍聰、潘國森

出版：心一堂有限公司
地址(門市)：香港九龍尖沙咀東麼地道六十三號好時中心LG六十一室
電話號碼：(852)6715-0840
網址：publish.sunyata.cc
電郵：sunyatabook@gmail.com
網上書店http://book.sunyata.cc
網上論壇http://bbs.sunyata.cc/

版次：二零一六年一月初版
平裝

定價：港幣 一百三十八元正
人民幣 一百三十八元正
新台幣 六百八十元正

國際書號 978-988-8316-81-6

香港及海外發行：香港聯合書刊物流有限公司
香港新界大埔汀麗路36號中華商務印刷大廈3樓
電話號碼：(852)2150-2100
傳真號碼：(852)2407-3062
電郵：info@suplogistics.com.hk

台灣發行：秀威資訊科技股份有限公司
地址：台灣台北市內湖區瑞光路七十六巷六十五號一樓
電話號碼：(886)2796-3638
傳真號碼：(886)2796-1377
網絡書店：www.govbooks.com.tw
台灣經銷：易可數位行銷股份有限公司
地址：台灣新北市新店區寶橋路235巷6弄3號5樓
電話號碼：(886)8911-0825
傳真號碼：(886)8911-0801
網址：http://ecorebooks.pixnet.net/blog

中國大陸發行 零售：心一堂書店
深圳地址：中國深圳羅湖立新路六號東門博雅負一層零零八號
電話號碼：(86)0755-82224934
北京地址：中國北京東城區雍和宮大街四十號
心一堂官方淘寶：sunyatacc.taobao.com/

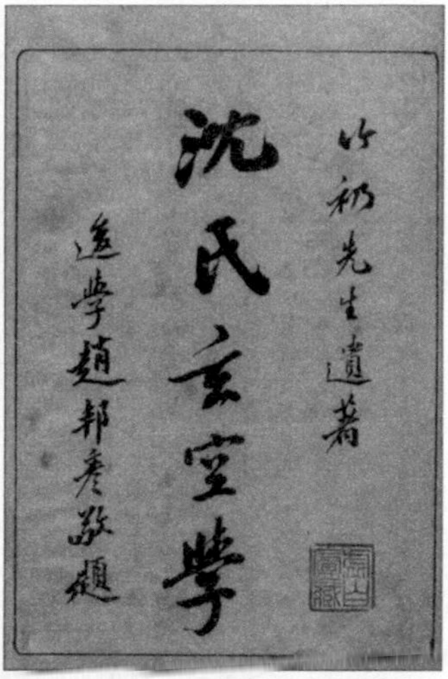

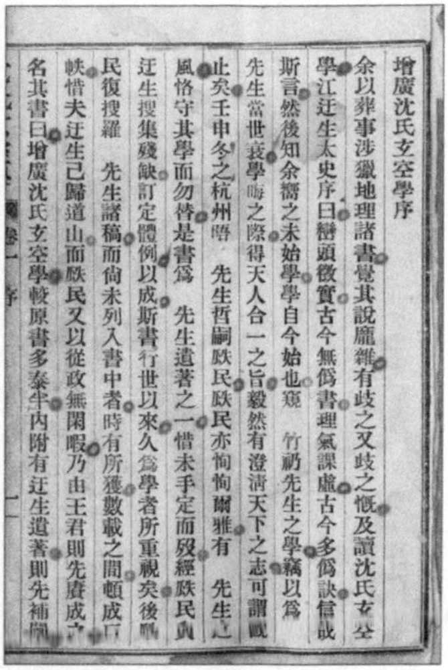

增廣沈氏玄空學序

余以葬事涉獵地理諸書覺其說龐雜有歧之又歧之慨及讀沈氏玄空學江迂生太史序曰辯頭徵實古今無僞書理氣課虛古今多僞訣信哉斯言然後知余嚮之未始學學自今始也寔 竹礽先生之學竊以爲先生當世衰學晦之際得天人合一之旨毅然有澄清天下之志可謂觀止矣壬申冬之杭州晤 先生哲嗣瓞民瓞民亦恂恂爾雅有 先生之風恪守其學而勿替是書爲 先生遺著之一惜未手定而歿經瓞民與迂生搜集殘缺訂定體例以成斯書行世以來久爲學者所重視矣後瓞民復搜羅 先生諸稿而尚未列入書中者時有所獲數載之間頓成巨帙惜夫迂生已歸道山而瓞民又以從政無閒暇乃由王君則先賡成之名其書曰增廣沈氏玄空學較原書多泰半內附有迂生遺著則先補闕

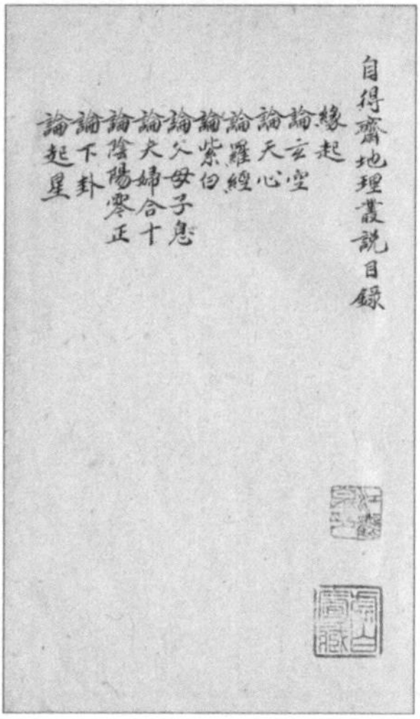

自得齋地理叢說目錄

緣起
論玄空
論天心
論羅經
論紫白
論父母子息
論夫婦合十
論陰陽零正
論下卦
論起星

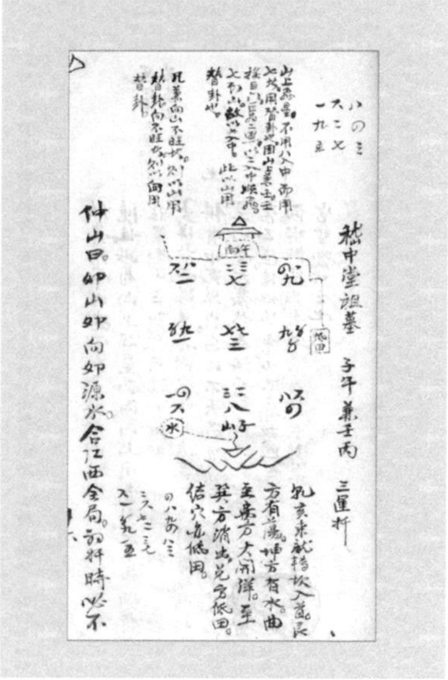

虛白廬藏《增廣沈氏玄空學》初刻足本附《仲山宅斷秘繪稿本三種》《自得齋地理叢說》：完整公開《增廣沈氏玄空學》初刻未刪足本，以及首次公開內容與刊本不盡相同的沈公遺稿及沈公門人批點稿本，輯入心一堂術數古籍珍本叢刊・堪輿類・沈氏玄空遺珍。

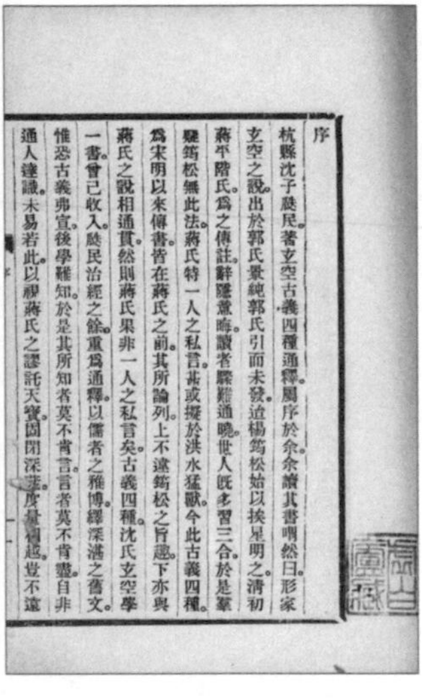

序

杭縣沈子瓞民著玄空古義四種通釋。屬序於余。余讀其書喟然曰。形家玄空之說。出於郭氏景純。郭氏引而未發。迨楊筠松始以挨星明之。清初蔣平階氏。爲之傳註。辭隱意晦。讀者艱難通曉。世人既多習三合。於是羣疑筠松無此法。蔣氏特一人之私言。甚或擬於洪水猛獸。今此古義四種。爲宋明以來傳書。皆在蔣氏之前。其所論列。上不違筠松之旨趣。下亦與蔣氏之說相通貫。然則蔣氏果非一人之私言矣。古義四種。沈氏玄空學一書。曾已收入。瓞民治經之餘。重爲通釋。以儒者之雅博繹深湛之舊文。惟恐古義弗宣。後學難知。於是其所知者莫不肯言。言者莫不肯盡。自非通人達識。未易若此。以視蔣氏之謬託天寶。固閉深藏。度量相越。豈不遠

地理疑義答問自序

許君叔重有言。堪天道。輿地道。此巒頭理氣之道也。蓋地理之數。巒頭爲體。地道也。理氣爲用。天道也。天地合德。始曰堪輿。第世人知焉不詳。如地吉矣。而用非其時。或時吉矣。而不能得其地。於是堪輿之大用不顯。故云體無用不行。用無體不彰。其必體用一元。而後其道大明也。諺謂楊公不登坟。不敢斷貧富。是未經目驗。恐其偏廢無當。斯眞誠入微。謹而後斷。蓋與率爾從事者異也。夫理氣無形。其義玄奧。非經名師傳授。莫能領會。即從師矣。而易之大用。乾轉坤移之學。不易輕闡。致得傳者無幾。名師之不易逢。若斯之難也。天德昔奉先君。乃研玄空之學二十載矣。夙知其奧。莫能詳究。己巳冬。始從　本師沈公游。授玄空奧義。悉心索賾。雖不敢云盡

地理疑義答問　一

虛白廬藏沈紹勳(竹礽)撰:《靈城精義箋》、《地理辨正抉要》，沈瓞民撰(口述)《玄空古義四種通釋》、《地理疑義答問》；輯入心一堂術數古籍珍本叢刊・堪輿類・沈氏玄空遺珍。

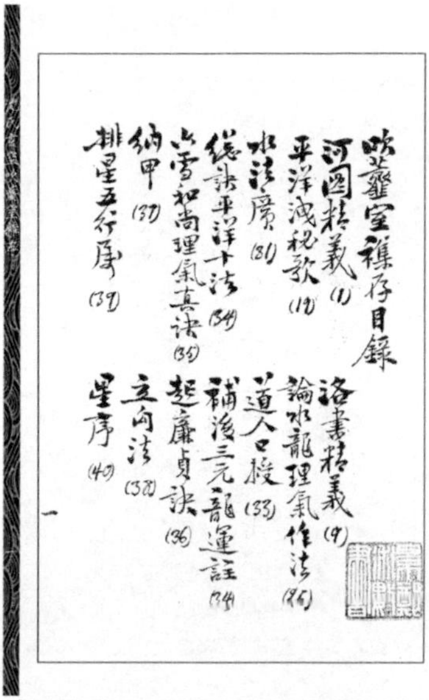

吹虀室雜存目錄

一

泉唐沈氏真傳

玄空捷訣

古吳吹虀子編

漢鏡齋堪輿小識序

堪輿之學巒頭理氣二者不可偏廢巒頭有形可見古今巒頭書籍不少名言理氣無迹可循古今理氣書籍實多僞訣理氣之學雖有三合雙山淨陰淨陽小玄空游年翻卦種種之不同大都附會穿鑿無理可憑而蔣氏地理辨正乃玄空哲學闡發河洛奧義實爲理氣正宗然論精審其秘訣引而不發非得心傳口授領悟爲難是以習玄空理氣者代乏其人迨無錫章仲山先生地理辨正直解溫明遠先生地理辨正續解先後付梓其玄空秘訣漸明於世然猶未盡情披露也近者[illegible]江華農太史新編沈氏玄空學出現如羅經挨星替卦城門訣令星入囚生成合十七星打刧三般卦旺山旺向四十八局諸訣及上山下水反伏吟兼向差錯出卦之病均發前人所未發爲堪輿理氣之最精當最應驗專書先讀沈書再讀地理辨正即可迎刃而解矣乙亥夏婺源查君玉搢以自著漢鏡齋堪輿小識初稿寄贈並索序言余與查君十年前同服務於休寧萬安街安徽省立第二師範學校獲得江太史所

漢鏡齋堪輿小識序　一

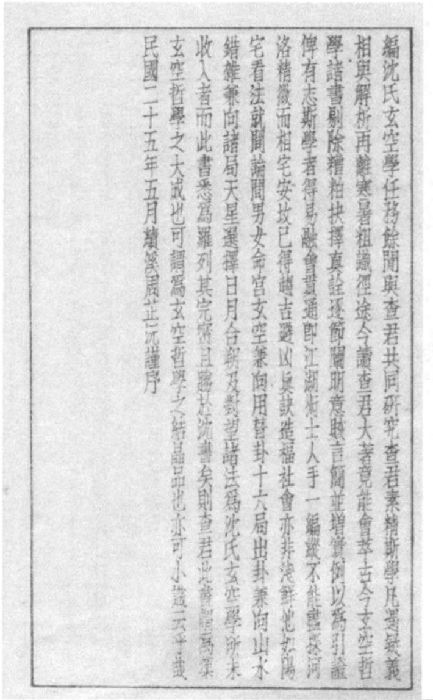

編沈氏玄空學任務餘閒與查君共同研究查君素精斯學凡遇疑義相與解析再歷寒暑祖識徑途今讀查君大著竟能會萃古今玄空哲學諸書剔除糟粕抉擇真詮逐節闡明意賅言簡並增實例以爲引證俾有志斯學者得易融會貫通即江湖術士人手一編縱不能發揮河洛精微而相宅安坟已得趨吉避凶真訣造福社會亦非淺鮮也如陽宅看法詳闡論間男女命宮玄空兼向用替卦十六局出卦兼向山水錯雜兼向諸局天星選擇日月合朔及對於諸法爲沈氏玄空學所未收入者而此書悉爲羅列其完密且勝於沈書矣則查君此書謂爲集玄空哲學之大成也可謂爲玄空哲學之結晶品也亦可小識云乎哉

民國二十五年五月績溪周[illegible]謹序

沈氏再傳弟子申聽禪名著《玄空捷訣》及其自藏筆記秘本《沈氏玄空吹虀室雜存》、查國珍《漢鏡齋堪輿小識》；輯入心一堂術數古籍珍本叢刊 · 堪輿類 · 沈氏玄空遺珍。

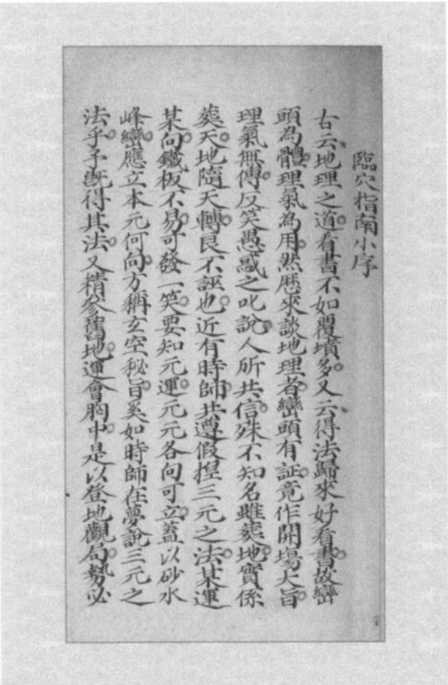

臨穴指南小序

古云地理之道看書不如覆墳多又云得法歸來好看書故巒頭為體理氣為用然歷來談地理者巒頭有証竟作開場大旨理氣無傳反笑愚惑之叱說人所共信殊不知名雖葬地實係葬天地隨天轉艮不誣也近有時師共遵假捏三元之法某運某向鐵板不易可發一笑要知元運元元各向可立蓋以砂水峰巒應立本元何向方稱玄空秘旨奚如時師在夢說三元之法乎予既得其法又積參審地運會胸中是以登地觀局勢必

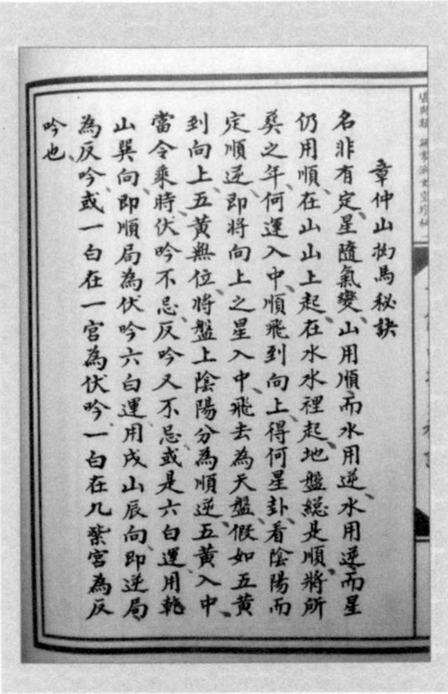

章仲山挨星秘訣

名非有定星隨氣變山用順而水用逆水用逆而星仍用順在山山上起在水水裡起地盤總是順將所葬之年何運入中順飛到向上得何星卦看陰陽而定順逆即將向上之星入中飛去為天盤假如五黃到向上五黃無位將盤上陰陽分為順逆五黃入中當令乘時伏吟不忌反吟又不忌或是六白運用乾山巽向即順局為伏吟六白運用戌山辰向即逆局為反吟或一白在一宮為伏吟一白在九紫宮為反吟也

道光三年重鐫

太平山人著

堪輿一覽

南潯瑞松堂蔣氏藏版

三元玄空無常派章仲山不外傳秘本《章仲山挨星秘訣》、《臨穴指南》、《章仲山宅案附無常派玄空秘要》以及失傳古本孫竹田《堪輿一覽》；輯入心一堂術數古籍珍本叢刊・堪輿類・無常玄空珍秘

目錄

陳澧謀序

李泗達先生自「玄空風水心得」後，又將有大作問世，不以愚之淺學與鄙陋，委序於愚，實愧不敢當！

堪輿風水盛行於世已久，流派眾多，眾說紛紜，皆欲以正宗為倡，但卻又屢以「天機不可洩露」而諸般隱瞞，致使有心於此學者視為畏途；而又屢有雖經地師改局化煞而不見其效，亦有以此學而詭詐主家者，故又多被以「迷信」視之而被棄如敝履。

《四庫全書》中載有宋代之理學大師蔡元定公著之《發微論》一書，曰：「是編即其相地之書，大旨主於地道一剛一柔，以明動靜；觀聚散，審向背，觀雌雄，辨強弱，分順逆，識生死，察微著，究分合，別浮沈、定淺深、正饒減、詳趨避、知裁成，凡十有四例，遞為推闡，而以原感應一篇，明福善禍淫之理終焉。蓋術家惟論其數，元定則推究以儒理，故其說能不悖於道；如云水本動，欲其靜，山本靜，欲其動。聚散言乎其大勢，面背言乎其性情，知山川之大勢，默定於數理之外，而後能推順逆於咫尺微茫之間。善觀者以有形察無形，不善觀者以無形蔽有形，皆能抉摘精奧，非方技之士支離誕謾之比也。」故知堪輿風水之學豈漫漫之語乎？

李泗達先生對於《沈氏玄空》之研究入微，除了深入研幾外，更能將前人所未言者一一明白指出，今願將所學再度坦然公諸於世，實為習堪輿者之福，特為之記。

陳澧謀　乙未年秋節　于台北　蟄廬

林千博序

千博踏入風水命理之門，已三十餘載，所看過的風水書籍，着實不少，但真正能有深刻意義而又能提高讀者學習和領悟的，卻又不多。

早前泗達第一本佳作，無私地披露了他多年研究的心得，現第二本作品面世，實在值得興奮，而讀者何其幸運，走進書店，就可以擁有這部秘笈，冀望有緣讀者能體會這部天書的珍貴，好好閱讀，定會為你帶來好運與健康。

林千博乙未年仲秋於香港易學堂

林國誠序

「不識雲陽之訣，豈知幕講之傳」。青烏典籍汗牛充棟，唯多以蜻蜓點水，未曾撥雲見月。摯友李君泗達潛心於陰陽者二十餘載，遍搜古藉，博覽群書，乃能獨窺前人之奧秘。李君不忍自秘，癸巳歲大作付梓《玄空風水心得》後流行於世，不惑於庸師之妄談，其旨歸為釋明其所以。土圭測景，玉尺量方，更為披肝露膽。

青烏之術乃孝子仁人之心也，孝子慈孫尤不可不謹。國誠年幼宅曾受地理之欺，逐立志研究已近三十載，跟隨名師十餘，更甚幸拜「玄空正統」馬公仁騶門下為關門弟子緊隨身傍，習河洛十載直至先師仙遊。先師深居簡出，坊間多只聽其事，聞其踪，以訛傳訛，妄加推敲。

欲深其究理，巒頭理氣二者，不可偏廢，巒頭有形可見，理氣無迹可循。唯玄空之學實乃握陰陽之樞，發圖書之秘。不得其訣此道艱深幽奧難測。玄空之理，欲窺堂奧，其旨「卦無定體，運隨時遷，衰旺有運，生死乘時」。玄空卦氣干支之陰陽言之，則陰中有陽，陽中有陰焉。乾坤定，入中化極，體用咸明，天地可分矣。剪裁得宜，人宅相扶，感通天地。

國誠經年覆閱古今名穴，堪證香江大小奇案，玄空法理無不應驗。今李君再著《玄空風水心得（二）——沈氏玄空學研究心得》，闡釋沈氏書內數個百年未解之啞謎，尤以運尅龍訣，一卦三山最為妙。書中已盡發天心，吐露真機矣。

歲在乙未仲冬　新會林國誠謹序

李柏田序

「風水佬呃你十年八年」，這句話相信大家也耳熟能詳，為什麼「風水佬」不能「呃你成世」呢？這要從每年的流年風水書說起。每年農曆年末，市面上充斥林林總總的流年風水書籍，預測來年運程及風水。行外人以為這是精密的計算，其實，只要把每年流年飛星所到固定的位置略加分析，便可籠統得知流年運勢。雖然流年紫白飛星位置年年不同，可是九年後必定回到原來的位置：例如二零一六年五黃到東北，二黑入中，財星飛到西南，「衰星」到位，定必主衰；反之，財星到位，必主吉。風水師傅只要在書中「加鹽加醋」，指在某方位放置某物品即可催財防疾，便可藉此推銷風水用品和擺設。至於效果如何，就不得而知了。

至於推算十二生肖的運程，就更加簡單。把世上所有人籠統分成十二生肖，先指出該年冲太歲或坐太歲的生肖，再把該年的吉凶星和各個生肖掛鉤，吉星多的生肖運程必佳，反之亦然。風水師傅又可把握機會推銷風水飾物。如是者年復一年，每年用同樣的手法推銷物品，但從未有針對你真正的需要，助你催吉避凶。

因此，不論你佩帶再多的飾物、放置再多的風水物象，運氣亦不會明顯提升，厄運依舊如形隨影。這就是「風水佬」只能「呃你十年八年」的真正原因了。

作者勘察風水，會根據巒頭、元運、山向星再配合主人的風水命卦來推算，對症下藥，故能有效趨吉避凶。他鑽研玄空風水，除師承多派外，也自學研讀各種玄空書籍。玄空書籍大多寫得非常含糊，部分更異常深奧，但作者鍥而不捨地深入研究，並加以實踐，找出結論。如果你對玄空學已稍有認識，甚或有相當研究，此書絕對是極具參考價值的書籍。閱畢此書，你就知道一位真正有實力的風水師傅，是怎樣的一個風範了。

李柏田
乙未年孟冬

最難識得是天心！（陸毅序）

道自虛無生一炁，便從一炁產陰陽，
陰陽變化成三體，三體和合萬物昌。

此詩在李君前書出版時摘引過一次。

天地之間，惟陰陽矣。陰陽和合，萬物化生。陰陽不交，不生不長。風水之道，乃天道而見於地道，天理而見於地理，繼而化於人事，而見盛衰興廢、吉凶禍福之事也。追尋人事興旺得失，吾人欲索於地理，更須索於天理；求於地道，更需求於天道焉。

天地之道，總以陰陽和合調勻為吉，而陰陽離絕為凶也。是故吉宅必陰陽調和，凶宅必陰陽離絕，此不易之理也。而研究風水之學，務必探索陰陽是否和合，在那裡和合？秘旨云：一天星斗，運用只在中央；千瓣蓮花，根蒂生於點滴。此中央、此點滴，究是何處，治風水者，務宜探尋，應多研究。

《沈氏玄空學》於卷一有〈論天心〉之一節，雖言而未詳，欲言而又止，老朽認為對於此中央、此點滴，有所提示，又顯不足。按理天心所在，燮理陰陽，斡運水火，調協八國，旋轉九宮，有云此為時間元運，或曰此為方位中宮，然的是何所指，是談時間，抑是方位？談時究屬何時，論方的是何方？殊堪玩味。老朽以為，無論如何，此正是各種陰陽和合之處。古聖先賢曾曰：最難識得是天心！何以「最難」？如何可識？實為玄空之關鍵。

李君泗達，治學深嚴，一個疑問，反反覆覆，設問假想，務求石出。老朽讀其著述，已見長江後浪，踴躍而前，部分論述，甚至解我之迷；喜見玄空之秘，由其層層揭開，「天心」之可識，陰陽和合處，隱約透露，讀者願花精神時間，必有進益。玄空學問之層次，於現代社會，能有進步，李君泗達及其摯友林君國誠，為我所推許於各位愛好者也！

李君前書已好評潮湧，今第二部著作亦即將風行，樂為之序！

陸毅（法號道元）

乙未年季秋吉日

丘華綺序

作者上一部著作《玄空風水心得》推出至今，輾轉間已有一年之境。這一年間，作者的生活比之前更顯繁忙。承蒙各方讀者支持愛戴，作者於正常生活外，還要經常開班教授玄空風水之學，生命意義確實比以前更加擴大了，有什麼比這樣更好呢？

筆者雖不諳玄空之學，卻喜歡探討宇宙法則和能量之說。其中有幾個重點最感興趣。當中不乏與作者本身或玄空風水有關聯。

第一，世界上每個人看起來似乎是獨立的個體，但根據量子學說，其實每個人都是互相牽連的。基於眾生一體的原理下，作任何舉動前，審視起心動念十分重要。例如為別人解決一個問題，就等同為自己解決了一個問題；為別人謀幸福，亦等同為自己謀福報；故任何害人之舉，當然亦會自作自受！記得作者撰寫第一本著作時，乃遵從其內心的渴求而行動，亦希望能為世界貢獻一點幸福。如今推出第二本著作《玄空風水心得（二）——沈氏玄空學研究心得》，乃順應各方的力量而誕生。作者此刻亦懷著相同的理念，希望世間上某人某時，會因此書而獲益。

第二，所有空間皆充斥著能量，同時，所有看似的實體的東西，其實也由能量組成。我們中國人所練習的氣功，就是去感應和推動身體內的能量，使之順暢地流通全身，以達至小周天、大周天的境界。倘若能量在體內阻塞不通，該怎麼辦？當然要借助氣功師傅或能量治療師治理一番了。同理，若室內空間的能量失去平衡，所居住的人當然也不甚舒適。風水顧問的責任，就是診斷室內能量失衡的狀況，再根據個別情況，於某些位置加強，或於某些位置減弱，甚或設置某些格局，使居室的能量達到較平衡或提升的狀態。若你現在身心康泰，恭喜你，你身體內和居所內的能量，應該達到不俗的平衡甚或高階的狀態呢！

第三，人愈能成為真正的自己，就愈能為世界和自己成就更多。最近問了外子一條問題：「在私人生活以外，有什麼時候最感忘我？」他起初帶點不大肯定的語氣答道：「應該是授課的時候吧！」我再問道：「那麼是教授什麼課呢？」他這次確切地回答：「玄空風水和紡織服裝，兩者皆是。」一門是興趣，而另一門是職業。對於兩者，外子皆滿腔熱忱，怪不得即使他既要上班，又要做研究，鮮有娛樂時間，但很少聽他埋怨勞累或奔波。再者，愈是願意貢獻大眾，所得的回報和歡欣愈大。此書正是他其中一種貢獻！

承蒙 外子錯愛，兩次出書均邀請愚某執筆寫序。我的心願就是能成就自己之餘，同時希望幫助他成就更大的偉業！

李妻 丘華綺

資深空中服務員

二〇一五年十月

自序

《沈氏玄空學》這部劃時代的玄空風水巨著，實在教人又愛又恨。它把洛書飛佈、替卦、七星打劫、三般卦、反伏吟、入因等玄空飛星派風水理論「赤裸裸」地公諸於世，震驚當時的易學堪輿界。儘管《沈氏玄空學》問世後備受詆訾，但誠然是近代研究玄空風水學必讀之作。

《沈氏玄空學》作者沈紹勳，字竹礽，浙江錢塘人，他把自己研習風水的經歷記錄成書，然著述未竟便身故，其子沈瓞民（祖縣）及友人、門人搜集沈氏生前手稿加以整理，輯錄成書，《沈氏玄空學》遂得以問世。沈瓞民其後繼續搜尋亡父手稿，及後和申農太史重新編纂《沈氏玄空學》，卷目由四卷增至六卷，易名為《增廣沈氏玄空學》，內容較《沈氏玄空學》豐贍。首二卷「自得齊地理叢說」，乃沈竹礽先生之遺稿，共三十六篇，旨在說明玄空飛星理論及其應用之法，既是沈氏玄空學精粹所在，也是全書最重要的學理部份；第三卷「陰陽二宅錄驗」由章仲山所著，沈竹礽為之作注；第四卷「九運二十四挨星立成圖」及第五卷「起星立成圖」，記載由沈竹礽、申笙詩、江迂生排列的下卦及替卦圖說，一目了然，俾便查閱；第六卷乃歷代堪輿名家著作合輯，包括《玄空輯要》、《從師隨筆》、《玄空古義》、《地理精纂》等，有助研習玄空學者理解《沈氏玄空學》之學理。

《沈氏玄空學》雖然內容豐沛，但絕非一部「教科書」。書中很多學理皆未有詳細闡釋，初入玄空門檻者研讀此書，往往不得其要，甚至質疑書中所論是否真確。《沈氏玄空學．緣起》提到：「先生著述自丙午歸道山後，多為門弟子分攜以去，是編由哲嗣瓞民觀察，從先生筆記及往還尺牘中搜集而成，零金碎玉，尤可寶貴。」準此可知，今本《沈氏玄空學》歷經傳鈔，脫誤宏多，並非沈竹礽玄空學之完璧。僅觀此書便排詆沈氏玄空之學，未免以偏蓋全。

筆者鑽研玄空學近三十載，師承多派，博閱古籍，又尋得沈氏後人玄空秘籍如《九宮撰略》、《坤壬乙一訣之原理》（以上皆沈瓞民著）等，多年覃研，屢屢履勘實踐和驗證所學，尚算掌握玄空學皮毛。現不揣冒昧，把研究所得公諸同好，冀能啟廸有志研習沈氏玄空學者，拓展其視野；此外，欲臂助運用玄空學相宅的同業解疑釋結，準確斷事；再者，旨在拋磚引玉，誘使深藏不露的玄空學翹楚立言樹辭，以饗同好。

筆者才疏學淺，不辭譾陋，匃集成編，疏舛難免，尚望俊彥方家不吝賜正，祈匡謬正訛為幸。

後學李泗達

乙未年孟春

研究玄空地理之參考書籍

現今問世之五術類書籍多不勝數，但當中真偽駁雜，初學者往往無所適從，即使資深學者偶爾亦不免目迷。玄空地理之實學，可趨吉避凶，警世助人；然而，偽者輕則浪費閱者時間，重則招致災禍，貽害無窮。現列出古今玄空地理良書佳籍供諸位參考研習。古來地理分為巒頭和理氣兩大類，筆者亦據此把書分類，但學習玄空地理者，巒頭與理氣必須一並研究修習，相輔相成，否則難登玄空地理之奧境。

書名	分類	作者	說明
葬經 *	巒頭	郭璞	「風水」一詞首見晉朝郭璞所著的《葬經》一書，該書開宗明義指出：「葬者乘生氣也。氣乘風則散，界水則止。」學風水者必讀的一本書。
青囊經 *	理氣	黃石公	書分三卷，上卷論河圖洛書八卦及數之運用。中卷言天星二十八宿，下卷論形氣。

書名	分類	作者	說明
紫白訣＊	理氣	姚廷鑾	篇中頗多奥旨，陽宅挨星斷訣闡發殆盡。
地理玄龍經＊	巒頭	趙魯源	言陽宅受氣收氣一章實為精要。
天心正運＊	理氣	華湛恩	言下卦挨星之法，玄空飛星入門之書。
心眼指要＊	巒頭	章仲山	習玄空地理必讀之一本好書，內容提及玄空實踐的經驗，細讀必有所得。
章仲山挨星秘訣＊	理氣	章仲山	無常派玄空門內秘本，內容可探索無常派之操作方法。
臨穴指南＊	理氣	章仲山	章公證穴之筆記，有些例與沈氏玄空學宅斷相同但斷語有別，可互相印證無常派與沈氏玄空之異，有數例更道出玄空之秘。
章仲山宅案附無常派玄空秘要＊	理氣	章仲山	此書乃章仲山門人所記章氏之宅案，以及無常派玄空風水秘要筆記。
堪輿一覽＊	巒理	孫竹田	心眼指要卷三中，存了堪輿一覽之節錄本，有傳孫是章仲山之師，是書可作為無常派一脈之傳承。
地理知本金鎖秘＊	巒理	鄧恭	上卷言易理，字字珠璣，下卷言穴法。
沈氏玄空學＊	理氣	沈竹礽	內容豐富，盡洩天機，玄空最佳之書也。

書名	分類	作者	說明
地理辨正抉要＊	理氣	沈竹礽	言玄空風水的運用，與沈氏玄空學互為表裏，皆是研習玄空必讀之書。
飛星賦＊	理氣	佚名	作者不詳，亦為挨星斷訣，言吉者從略，言凶者特詳，又名飛星斷。
玉髓真經＊	巒頭	張子微	亦是一本巒頭學之經典，篇幅極多，內容也極豐富，為巒頭家法之大成。
地理索隱＊	巒頭	無著禪師	內容言山、洋巒頭，簡潔精闢，可讀性甚高。
山洋指迷＊	巒頭	周景一	又名地理指迷，暢言山洋及平洋的要旨。
歸厚錄＊	巒頭	蔣大鴻	內容採擇玉鏡經、千里眼、天玉經、水龍經等諸書編成，見解精微。
地理辨正＊	理氣	蔣大鴻	書為玄空理氣必讀之書。
天元五歌＊	理氣	蔣大鴻	蔣公將其師授玉函秘義，總括其要旨而寫成歌訣。
八宅天元賦＊	理氣	蔣大鴻	蔣公得《陽宅得一錄》，而著此賦，內容言陽宅之理氣。
闢徑集＊	巒頭	李默齋	書中不但談到尋找龍穴的方法、下葬的分類及山勢和水勢對陰宅的影響等等，還有個案的分析，一書包攬了大部分相陰宅的要訣。

書名	分類	作者	說明
地理啖蔗錄＊	巒頭	袁守定	袁氏集百家巒頭書精要並加所註，乃地學至真之法，是巒頭入門必讀之書。
撼龍經＊	巒頭	楊筠松	撼龍、疑龍二經，為山龍之法，堪稱龍經之祖宗，諸哲之著作，俱為其分枝。言天下枝幹龍及垣局之大勢，又詳論貪巨祿文廉武破輔弼九星之體。
疑龍經＊	巒頭	楊筠松	疑龍撼龍為古來最佳之巒頭書籍，必讀。
青囊序＊	理氣	曾文辿	書中相對之字句如雌雄、江南江北、動靜、陰陽、衰旺、生死等，皆為玄空妙理，應詳加推究。
青囊奧語＊	理氣	楊筠松	楊公得地理正訣，約其旨為口訣奧語，以玄空之理氣，用五行之星體，將高山平地之作法賅括於其中。
天玉經＊	理氣	楊筠松	本書補青囊之不足，玄空秘密盡洩於此。
都天寶照經＊	理氣	楊筠松	本書言玄空理氣兼論巒頭，與天玉經同為習玄空地理者，不可不讀之上乘佳作。
雪心賦＊	巒頭	卜應天	卜祖師巒頭佳作，不用多說，案上必備之一本地理書籍。
靈城精義＊	理氣	何令通	書分上下兩篇，上編論山川形勢，辨龍辨穴，下篇言玄空理氣，亦屬佳作。

書名	分類	作者	說明
玄機賦＊	理氣	吳景鸞	或名天機賦，為挨星斷訣。
玄空秘旨＊	理氣	吳景鸞	玄空挨星斷訣之經典。
玄空古義四種通釋＊	理氣	沈祖緜	內錄《玄空秘旨》、《玄機賦》、《飛星賦》、《紫白訣》四部玄空經典古賦並加注釋，是習玄空必須深讀的一本著作。
地理疑義答問＊	理氣	沈祖緜	以門內師徒問答形式去解拆玄空之秘，補沈氏玄空之不足。
沈氏玄空吹虀室雜存＊ 玄空捷訣＊	理氣	申聽禪	作者乃沈氏玄空派第三代代表人物，本書原是作者未公開的稿本。摘錄不同玄空秘本成書，內容重點是水龍作法、平洋局法。
漢鏡齊堪輿小識＊	理氣	查國珍	本書把沈氏玄空學派中的主要著作的整理、承繼和闡釋，可作為沈氏玄空學之延伸閱讀。
三元地理辨惑＊	理氣	馬泰青	是書以問答形式寫成，於字裏行間透露玄空真機。
宅運新案一集＊	理氣	策群氏	內容舉社會實事，以玄空論證其宅運吉凶之應，飛星之運用發揮無遺，有活《易經》之稱。
宅運新案二集＊	理氣	尤惜陰	內容舉社會實事，以玄空論證其宅運吉凶之應，飛星之運用發揮無遺，有活《易經》之稱。

書名	分類	作者	說明
二宅實驗＊	理氣		懺悔學人分陽宅及陰宅部份，以實例驗證玄空學。
地理千金賦＊	巒頭	劉若谷	文字淺白，容易讀曉，但義理精深，是巒頭學的精要。
玄空紫白訣	理氣	趙景羲	近代香港風水名家，將〈紫白訣〉註釋，甚有參考價值。
地學鐵骨秘＊	理氣	吳師青	亦為香港名家，書中所載之排龍訣，是為玄空秘訣之一。
撼龍經真義	巒頭	吳師青	將楊公之《撼龍經》注釋。
香港山脈形勢論	巒頭	吳師青	習地理之香港人又怎能不讀呢？
樓宇寶鑑	理氣	吳師青	此書是吳師青先生的另一巨著，其實用性十分之高，而且簡單易明，最適合初學陽宅風水之用。
陰陽學	理氣	劉訓昇	以數學方法，將挨星整理為公式，亦有實例去判斷吉凶。甚具參研價值。
孔氏玄空寶鑑	理氣	孔昭蘇	將玄空理論以白話著書，頗適合初學者，時下很多所謂玄空名家著作，大都抄自此書。
陽宅秘旨	理氣	孔昭蘇	是書集蔣公論陽宅諸篇，以及陽宅指南、陽宅三十則而加註解，習陽宅風水不能缺之一本參考書。
孔氏易盤易解	理氣	孔昭蘇	闡釋蔣公之玄空大卦，習易卦派風水之重要書籍。

書名	分類	作者	說明
地靈人傑	巒頭	王啟燊	集錄古代諸名家名著之巒頭要點，理氣部份與《孔氏玄空寶鑑》類同。
大玄空路透＊	理氣	談養吾	列出九運二十四山向陰陽二宅的吉凶圖解，極具參考價值。
大玄空實驗＊	理氣	談養吾	談氏感《大玄空路透》一書猶有未足，故再著此書論實踐以補足之。

編按：書名以下有*號者，輯入《心一堂術數古籍珍本叢刊》，陸續出版。

現在「名家」著作雖多，但具參考價值者鮮。筆者推介台灣名家鐘義明老師一系列三元玄空飛星著作。當然，跟隨名師，博覽群籍，不斷實習，孜孜不倦，是學習玄空地理之不二法門。

當運樓之秘

現在行八運，一般玄空師為客人挑選住宅時，會以開八白向星門為首選。他們認為八白乃八運當旺之氣，大門收向星八白，理應穩當無比。然而，理論歸理論，實際卻另一回事。就筆者所見，開向星八白門招致凶禍的個案屢見不鮮。筆者並非想推翻這套理論，亦了解除了「開門」外，還有很多因素（如外巒吉凶、星盤是否配合內外巒頭、大門、房門、床頭、廚厠的吉凶等）會導致宅內發生禍患。因此，絕不能單以大門之星卦，論定一宅之吉凶。以下將和諸位分享挑選八白向星門的技巧。

大家有沒有想過，當旺八白星亦有力量大小之分？先由巒頭方面說明：

一、外巒之影響

向星八白所到之宮見水，力量大。

向星八白所到之宮見山，力量小。

二、內巒之影響

向星八白到門、到陽台、到窗、到廳，力量大。

向星八白到房，力量小。

三、內外巒配合之影響

向星八白到門，但門外為山，八白力量減小。

向星八白到房，但房外見水，八白力量增強。

再從理氣星盤方面分析（不計巒頭）：

一、星盤元運

八運星盤之向星八白力量大。

七運星盤之向星八白力量較次。

六運星盤之向星八白力量再次。

二、山星五行之影響

同宮山星五行生或比和向星八白，則八白力量增強。
同宮山星五行洩，尅入或尅出向星八白，則八白力量減小。

三、八卦五行之影響

向星八白在離宮力量較大（火生土）。
向星八白在坤宮力量較大（土助土）。
向星八白在兌宮力量較弱（土生金）。
向星八白在乾宮力量較弱（土生金）。
向星八白在坎宮力量較弱（土尅水）。
向星八白在艮宮力量較大（土助土）。
向星八白在震宮力量較弱（木尅土）。
向星八白在巽宮力量較弱（木尅土）。

四、向星一組之影響

向星一白見水，向星八白力量較弱。向星一白見山，向星八白力量較大。
向星二黑見水，向星八白力量較大。向星二黑見山，向星八白力量較弱。

向星三碧見水，向星八白力量較弱。向星三碧見山，向星八白力量較大。
向星四綠見水，向星八白力量較弱。向星四綠見山，向星八白力量較大。
向星五黃見水，向星八白力量較大。向星五黃見山，向星八白力量較弱。
向星六白見水，向星八白力量較弱。向星六白見山，向星八白力量較大。
向星七赤見水，向星八白力量較弱。向星七赤見山，向星八白力量較大。
向星九紫見水，向星八白力量較大。向星九紫見山，向星八白力量較弱。

五、龍神歸位之影響

旺山旺向，雙星到向之星盤，旺向星飛回向首，當運向星力大。
上山下水，雙星到坐之星盤，旺向星不飛回向首，當運向星力小。

原來要判斷八白星的強弱，必須顧及多項因素和其影響。由此可見，單以門開向星八白斷言其吉，未免過於武斷。上文提及三種內外巒頭影響，相信大家也能輕易掌握。至於理氣方面，坊間有很多書籍論及第二、三點，但第五點則鮮有提及。就筆者所見，坊間未有任何風水書籍論及第一及第四點。筆者不辭譾陋，冒昧在此竊表拙見。

同是向星八白，六運樓之八白由六運盤的運星據坐向飛佈出來，因此到八運時，其氣不純；同理，七運樓之八白由七運盤之運星據坐向飛佈出來，故到八運時，其氣亦不純。為甚麼不純呢？因為在八運時，六、七運星盤內多了一個八運天心盤，八運天心為當元旺氣，力量頗大。在某些特定環境下，陽居甚至會變成八運盤。在此情況下，若仍沿用七運盤之理論，開向星八白門，便會弄巧成拙，變成八運盤開凶星門，不吉反凶。

先賢章公仲山在宅斷時，屢把運星配山星，或配向星視作雙星斷事。由此可見，運星在星盤內有舉足輕重的地位，其影響力自然不容小覷。八運樓之八白，由八運盤之運星據坐向飛佈出來。天心是八運，可喻為父母，而山向星就好比其子息。如此推論，向八為八運父母所生，乃八運的真子息；七運盤的八白由七運父母所生，故在八運時非其真子息；同理，六運盤的八白由六運父母所生，在八運時亦非其真子息。真子息力量既大且純，這也解釋了何以同開向星八白門，當運盤（八運）之力最大，七運盤次之，六運盤則最弱。不少具豐富「實戰經驗」的師傅也主張入住當運樓「搶運」，足證此論非虛。

至於向星一組星的影響，則較為複雜。一般堪輿師僅以單宮論風水為居家佈局，如該宮見二黑，便主張用金去化解；該宮見四綠，則用水生旺。理論上看似恰當，但效果往往強差人意。究其原因，正是未有全面地分析整個星盤，佈局片面，效果自然不如理想。

向星由運星入中飛佈八國，如上文所言，運星是父母，而山向星乃其子息。由於父母子息環環相扣，即使子息星星情各異（九星星情不同），也會互相影響。換句話說，某星被尅洩，其他星亦會受影響。

舉個例子，用水生旺向星四綠，無疑會增強文昌四綠星的力量，使宅內文昌氣盛，提高宅內人的閱讀意欲；可是，四綠會影響其他各宮兄弟（向星），四綠星五行屬木，木氣強便尅土，五行屬土的星（如當旺向星八白）便會被尅制，力量被削弱，結果影響宅內人整體財運。因此，風水佈局必須全面，亦宜根據宅內人的需要佈局。如該宅主人渴望提升財運，宜偏重加強當運向星八白之力；若想改善健康，則宜減弱二黑、五黃星之力。由於向星一組互為扣連，互相影響，大可借用其他各宮向星之力，輔助其中一粒向星。

筆者曾在一辦公室運用此法佈局催「急財」①。方法是利用八國各星的強弱和五行，來輔助向星八白。除了在向星八置動水外，向星九處放流水和燈，向星三、四處各放一堆碎石。諸位請注意，在向星三、四放碎石，既非旨在以土助旺八白，亦非用以尅洩木（三碧、四綠）的力量。此法乃玄空風水佈局之真義，倘若讀者已洞悉箇中理論，恭喜閣下，你已登入玄空風水的堂奧！其實，筆者在本文已隱隱透露玄機，相信諸位細心閱讀，定能恍然大悟。

①運用全盤星數去輔助其中一星，宜要小心運用，因為終會失衡，使全局偏重某個星曜。故筆者建議此法只宜用於商鋪，不宜用於住宅。因為人之元神不寄居於商鋪內，對身體健康影響較少。

三吉五吉與三星五吉

《沈氏玄空學》卷五提及三吉五吉，內容如下：

「三吉五吉，為水法所最喜。何謂三吉？即一白、六白、八白；等於奇門之休、開、生。一白居九星之首，既統諸卦，合冠三吉。然天氣下降，地氣上升，亦何所容其軒輊，堅金遇土，富並陶朱，八六相生異途，擢用六白、八白之同為吉曜，蓋可知矣。至五吉，則合三般而兼取貪輔，如上元一運取一、二、三之水，而配以六、八；中元四運取四、五、六之水，而配以八、一；下元七運取七、八、九之水，而配以一、六是也。總之三吉五吉安排得法，聯珠相貫，其發福自久而弗替耳！」

此段對「三吉五吉」釋之甚詳：三吉指一白、六白、八白三星；五吉是合三般再加三吉星。文中只提及三吉五吉向星方宜見水，主財旺。其實，山星之三吉五吉亦宜見山，主旺人丁。一至九運之三吉五吉星，列表如下：

運	三般	五吉
一	一、二、三	六、八
二	二、三、四	一、六、八
三	三、四、五	一、六、八
四	四、五、六	一、八
五	五、六、七	一、八
六	六、七、八	一
七	七、八、九	一、六
八	八、九、一	六
九	九、一、二	六、八

坊間亦有師父用以下排列方法（取一六八及當令與生氣星）：

運	三吉	五吉
一	一、六、八	二
二	一、六、八	二、三
三	一、六、八	三、四
四	一、六、八	四、五
五	一、六、八	五
六	一、六、八	七
七	一、六、八	七
八	一、六、八	九
九	一、六、八	九

筆者對運用三吉五吉有所保留。因為一六八雖為三吉星，但始終被時間限制其「生、旺、退、煞、死」，並非全吉。筆者的做法是：以當令星為上吉，生氣為中吉，再配合一六八於現運之吉凶作小吉。

《沈氏玄空學》卷二亦提及〈三星五吉〉：

「或問：何謂三星五吉？答曰：三星者，每運入中之令星，山向所到之飛星是也。五吉者，即替卦，因一卦有兩卦之用，山向之飛星有四合以元運之令星，故云五吉也。細參都天寶照經蔣註自明。一說上元一二三為三星，以輔弼龍來兼取入穴中為五吉，中元四五六為三星，以貪巨龍來兼取入穴中為五吉，下元七八九為三星，以貪武龍來兼取入穴中為五吉，亦須較其靜動生尅而用之耳。」

坊間有師父把三吉五吉混為一談，然而，從以上兩段引文可知，三吉五吉性質各異。大家請細心閱讀卷二的引文，看似解說三吉五吉，但上元用九紫右弼星，中元用二黑巨門，實在有別於一六八三吉及三般。最為特別處，是文中「五吉者，即替卦」一句，好像和三吉五吉完全沒有關係。幸好沈公第三代弟子申聽禪在其著作加以解說，其文見心一堂術數古籍《沈氏玄空吹虀室雜存玄空捷訣合刊》二十一章①：

①：申聽禪（一八八九生，卒年不詳）乃沈氏玄空派第三代代表人物，師承沈竹礽之子沈祖緜（瓞民）。申聽禪深得其師所推重：「蘇人之能得吾（沈祖緜）玄空真傳者，莫聽禪。」其著《起星立成圖》、《吹虀子簡易挨星口訣》、《玄空捷訣》等，條理分明，深入淺出，實乃「沈氏玄空學」之入門之金針。「沈氏玄空派」第二、三代傳人並沒有墨守沈竹礽的「三元（玄空）派」秘訣，反而大量搜羅及研讀不同派別的堪輿秘笈抄本，一方面印證了沈竹礽的玄空訣法，另一方面也訂正、深化了「沈氏玄空」的內容。申氏出身蘇州望族，也是警界、軍界、政界顯赫人物，故覓得大量玄空秘笈抄本，對「沈氏玄空」派的發展有重大影響。

《沈氏玄空吹虀室雜存》乃作者未公開的稿本。摘錄不同玄空秘本成書，書內除提及「水龍作法」、「平洋局法」等秘局，也摘錄了蔣大鴻門人張仲馨一脈之秘本。申氏利用張仲馨一脈之訣竅後補正、深化「沈氏玄空」理論，如「三元立局」正是集二者大成之局：其他如擇日上等範疇，申氏亦屢創新猷，實乃研讀「沈氏玄空」必讀之著作。

留。故不曰白。而曰赤也。乾亦爲金而曰白者。乾金位於秋去冬來之際。火氣盡而水氣已透。故復其本色。而爲白也。中五之土。獨爲黃者。黃爲中央之色。且河洛以五十居中。五十爲土。土未易其本位。故不曰黑。不曰白。而仍爲黃也。

第二十一章　論三星五吉與兼貪兼輔

寶照經云。取得輔星成五吉。又云。更取貪狼成五吉。此爲言三星五吉。兼貪兼輔之始。夫三星者。每運入中之令星。山向所到之飛星是也。用替卦。雙到向雙到山之局。可以使之到山到向合成一局。如六運壬山丙向。本是雙星會合於坐山。而用替則一到向。一之地元壬替巨門。

一九 三三 五	(一)向 六五 七七 一	八七 五五 三
九八 四四 四	向二一 山二二 六	四三 九九 八
五四 八八 九	七六 六六 二 山	三三 二一 七

故不用一。而以二巨門入中。變六旺星到山到向矣。且一白六白八白三吉水俱到向上一白即貪狼。八白即輔星。豈非三星皆到。更取貪輔乎。成五吉者。向上二、六、八。山上六。中宮六。合成

三三 二九 五	(二)山 七七 六五 一	五五 八七 三
四四 九八 四	向二二 山二一 六	九九 四三 八
八八 五四 九	六六 七六 二 向	一一 三二 七

五吉也。（圖一）反之。六運之丙山壬向亦然。本是雙星會合於向首。而用替則二到向。二之地元未替巨門。無替可尋。即仍二入中。一到山。一之地元壬替巨門。故不用一。而以二巨門入中。變六旺星到山到向矣。且一六八三白水俱到向上。成五吉也。（圖二）兩圖飛星。上層起星。下層下卦。近人關於兼貪兼輔。誤解者多。故特揭於此。

第二十二章　論選擇 附紫白起例

造葬選擇最關緊要。萬不可大意疎忽。選擇以取太陽到山到向到三合方為最便。蔣盤有二十四節氣。如子山午向。太陽大寒立春到子山。秋分寒露到辰。小滿芒種到申。與子為三合。大暑立秋到午向。小雪大雪到寅。春分清明到戌。與午為三合之類。於諸節氣中擇安葬吉日

根據申氏的解釋，三星是每運入中之令星，即當令之山星及向星；五吉者加貪一輔八。申氏更以兩例加以說明：

例一：六運壬山丙向正向（圖一）

3 9 五	7 5 一	5 7 三
4 8 四	2 1 六	9 3 八
8 4 九	6 6 二	1 2 七

六運壬山丙向兼向（圖二）

3 1 五	7 6 一	5 8 三
4 9 四	2 2 六	9 4 八
8 5 九	6 7 二	1 3 七

六運壬山丙向正向為雙星到坐，當令山星六白及向星六白皆飛到坐山。若為兼向，則乃到山到向之局，當令山星六白飛到坐山，當令向星六白飛到向首。再且，貪狼一白星及左輔八白星飛到向首左右兩宮，向星一白、六白、八白成聯珠相連之勢，成三星五吉之局；向首六白、中宮六白、坐山六白為三星，加一白八白成聯珠，是為五吉。

例二：六運丙山壬向正向（圖三）

9 3 五	5 7 一	7 5 三
8 4 四	1 2 六	3 9 八
4 8 九	6 6 二	2 1 七

六運丙山壬向兼線（圖四）

1 3 五	6 7 一	8 5 三
9 4 四	2 2 六	4 9 八
5 8 九	7 6 二	3 1 七

六運丙山壬向正向為雙星到向，當令山星六白及向星六白皆飛到向首。若為兼向，則為到山到向之局，當令山星六白飛到坐山，當令向星六白飛到向首。而貪狼一白星及左輔八白星飛到向首左右兩宮，向星一白、六白、八白成聯珠相連之勢，成三星五吉之局：向首六白、中宮六白、坐山六白為三星，加一白八白成聯珠，是為五吉。

閱畢申氏之說，大家可能有以下疑問：

一、何以只有在六運方成三星五吉之局？

二、既以六運丙山壬向及壬山丙向正向為例，何以用六運丙山壬向及壬山丙向兼向作解說？最後更以兼向盤加以說明？申氏直接用六運丙山壬向及壬山丙向兼向來解釋，不是更清晰嗎？何以多此一舉？

箇中玄機，大家定必意想不到。因為申氏所言，實乃玄空學說「秘中之秘」。觀坊間近數十年出版之玄空書籍，皆未有揭露此秘。筆者不辭譾陋，冒昧揭其秘要。其實，以上二例之五吉，實為運星六白，正向之山星向星及兼向之山星向星六白。三星五吉者，一卦可作兩卦用。《沈氏玄空學》明確指出「五吉者，即替卦，因一卦有兩卦之用，山向之飛星有四合以元運之令星，故云五吉也。」六運壬山丙向正向為一卦，而壬山丙向兼向為第二卦，二者皆可用。六運丙山壬向正向為一卦，而丙山壬向兼向為第二卦，亦可用之。一卦山有十五度，立向在中間九度內以正卦向，在九度外以兼卦向。簡言之，一卦山十五度內有下卦星盤及兼卦星盤，但也要考慮以下各種情況，方能決定運用哪個星盤最為恰當：

一、坐向

二、玄空師認為那個星盤可用

一般玄空師傅多用前者，具實學的玄空師傅則用後者。筆者另一拙作曾引述近賢劉訓昇先生對立向準確性的看法（劉先生只用下卦而不用替卦）：

立向在一卦山中間三度內，準確度達百分百

若兼左兼右三度內，準確度達百分之八十

若兼左兼右三度外至六度，準確度只有百分之六十

根據劉先生的驗證，在正向九度內，其準確度達百分之八十。那餘下的百分之二十在那裡？是否兼卦盤之數？若兼左兼右在中間九度外，實為兼卦向，但根據劉先生驗證所得，用正向盤亦只有百分之六十準確，原因何在？兼卦盤有正向盤之數嗎？餘下的百分之了四十是否兼卦盤之數？劉訓昇先賢有否破解其秘，筆者不得而知，但筆者可以向大家透露一點玄機。

一卦山十五度內，可用的星盤有正向飛星盤及兼向飛星。在沈氏及其徒弟眼中，可將之合成一局來用，這正是一卦作兩卦之用之秘。以上二例之五吉，實為運星六白「元運之令星」；正向之山星向星六白及兼向之山星向星六白「山向之飛星有四合」。

替而不替

根據《沈氏玄空學》，立向在每卦山中央九度以內，用下卦起星盤；若立向超過中央九度，則須運用兼卦替星（起星）。從蔣公授姜垚之替卦歌訣可知，二十四山只用五顆替星。某些兼卦山向，由於無替可尋，或說替而不替，用替星或下卦飛佈出來的星盤是一樣的。《沈氏玄空學》卷一〈論起星〉一章道：

「至不能替而用替者，例如四運中庚山甲向兼酉卯，甲上挨星為二，本二入中，今用替卦，二即未挨巨，仍二入中無所謂替也。雖到山到向，反不能作旺山旺向論，因差錯之病仍在其中，不如專用庚甲之為得也。又四運甲山庚向兼卯酉，庚挨六，本六入中，用替卦六即戌，戌為武，仍六入中，與庚甲兼酉卯正同。又如二八兩運，未山丑向，五八兩運，丑山未向，三七兩運，戌山辰向，五運辰山戌向，出卦兼或陰陽互兼，若用替卦，其挨星正在不可替之字，均作陰陽差錯論、出卦論，不能作到山到向論也。」

此節非常重要，現把文中提及山向星盤羅列如下，以供參考：（圖一至圖十八）

圖一：四運庚山甲向下卦

7 3 三	2 7 八	9 5 一
8 4 二	6 2 四	4 9 六
3 8 七	1 6 九	5 1 五

圖二：四運庚山甲向兼酉卯替卦

7 3 三	2 7 八	9 5 一
8 4 二	6 2 四	4 9 六
3 8 七	1 6 九	5 1 五

圖三：四運甲山庚向下卦

3　7 三	7　2 八	5　9 一
4　8 二	2　6 四	9　4 六
8　3 七	6　1 九	1　5 五

圖四：四運甲山庚向兼卯酉替卦

3　7 三	7　2 八	5　9 一
4　8 二	2　6 四	9　4 六
8　3 七	6　1 九	1　5 五

圖五：二運未山丑向下卦

9　6 一	4　1 六	2　8 八
1　7 九	8　5 二	6　3 四
5　2 五	3　9 七	7　4 三

圖六：二運未山丑向兼丁癸／坤艮替卦

8　6 一	3　1 六	1　8 八
9　7 九	7　5 二	5　3 四
4　2 五	2　9 七	6　4 三

圖七：八運未山丑向下卦

6　3 七	1　7 三	8　5 五
7　4 六	5　2 八	3　9 一
2　8 二	9　6 四	4　1 九

圖八：八運未山丑向兼丁癸／坤艮替卦

6　3 七	1　7 三	8　5 五
7　4 六	5　2 八	3　9 一
2　8 二	9　6 四	4　1 九

圖九：五運丑山未向下卦

6 3 七	1 7 三	8 5 五
7 4 六	5 2 八	3 9 一
2 8 二	9 6 四	4 1 九

圖十：五運丑山未向兼癸丁／艮坤替卦

8 3 四	3 7 九	1 5 二
9 4 三	7 2 五	5 9 七
4 8 八	2 6 一	6 1 六

圖十一：八運丑山未向下卦

3 6 七	7 1 三	5 8 五
4 7 六	2 5 八	9 3 一
8 2 二	6 9 四	1 4 九

圖十二：八運丑山未向兼癸丁／艮坤替卦

3 6 七	7 1 三	5 8 五
4 7 六	2 5 八	9 3 一
8 2 二	6 9 四	1 4 九

圖十三：三運戌山辰向下卦

5 3 二	9 7 七	7 5 九
6 4 一	4 2 三	2 9 五
1 8 六	8 6 八	3 1 四

圖十四：三運戌山辰向兼辛乙／乾巽替卦

7 3 二	2 7 七	9 5 九
8 4 一	6 2 三	4 9 五
3 8 六	1 6 八	5 1 四

圖十五：七運戌山辰向下卦

9 7 六	4 2 二	2 9 四
1 8 五	8 6 七	6 4 九
5 3 一	3 1 三	7 5 八

圖十六：七運戌山辰向兼辛乙／乾巽替卦

8 7 六	3 2 二	1 9 四
9 8 五	7 6 七	5 4 九
4 3 一	2 1 三	6 5 八

圖十七：五運辰山戌向下卦

5 7 四	9 2 九	7 9 二
6 8 三	4 6 五	2 4 七
1 3 八	8 1 一	3 5 六

圖十八：五運辰山戌向兼乙辛／巽乾替卦

7 7 四	2 2 九	9 9 二
8 8 三	6 6 五	4 4 七
3 3 八	1 1 一	5 5 六

根據蔣公授姜垚之替卦歌訣，二十四山中能用替者，共十三字；不能用替者，則有十一字。換言之，二十四山中有可用替星，部分卻替而不替。究其原因，並非不用替星，而是替星和原本的星相同，遂出現「變而不變」的情況。

坎宮壬子癸三山，本是一白坎卦。壬山用替，變成二黑星；子山癸山用替，變成一白星。

艮宮丑艮寅三山，本是八白艮卦。丑山艮山用替，變成七赤星；寅山用替，變成九紫星。

震宮甲卯乙三山，本是三碧震卦。甲山用替，變成一白星；卯山乙山用替，變成二黑星。

巽宮辰巽巳三山，本是四綠巽卦。辰山巽山及巳山三山用替，皆變成六白星。

離宮丙午丁三山，本是九紫離卦。丙山用替，變成七赤星；午山丁山用替，變成九紫星。

坤宮未坤申三山，本是二黑坤卦。未山坤山用替，變成二黑星；申山用替，兌宮庚酉辛三山，本是七赤兌卦。庚山用替，變成九紫星；酉山辛山用替，變成七赤星。

乾宮戌乾亥三山，本是六白乾卦。戌山乾山及亥山三山用替，皆變成六白星。

替者，代替也。起飛星盤一向慣用山向方運星星卦入中順或逆佈，可是，若立向偏離每山中間九度，就不可用星卦，要用替星代替入中順或逆佈，正是所謂的「用星不用卦」。沈公舉第一例四運庚山甲向，其下卦飛星盤與兼卦飛星盤看似相同，實則不然。下卦飛星盤由星卦入中飛佈出來，兼卦飛星盤則由替星入中飛佈出來。沈公在此清楚指出：四運庚山甲向下卦屬旺山旺向；然而，同是到山到向的四運庚山甲向替卦，卻不作旺山旺向論。諸位務必注意：出卦兼或陰陽差錯兼，不論星盤如何，亦屬凶論。

《沈氏玄空學》卷五「兼向」一章亦有提出立替卦兼向之要：

兼向名曰替卦，亦稱變卦。蔣杜陵曰：「兼則須用坤壬乙訣。」（見姜垚《從師隨筆》）沈公以兼三四分者當用替星，宗章仲山者，則以出宮兼，及本宮陰陽互兼始用替星，其挨法亦就運星所臨之山向某字，配坤壬乙訣，分陽順陰逆佈之，逢子癸甲申用一入中，坤壬乙卯未用二入中，戌乾亥辰巽巳用六入中，艮丙辛酉丑用七入中，寅午庚丁用九入中，此尋替之法也。如四運立丑山未兼向，運星四入中一到向，丑未地元龍也。一即壬屬陽，當用二入中順飛，其挨到向星為八，即替星也，餘類推。（圖十九至廿一）

圖十九：四運立丑山未向兼，四運四入中，一到向首未方

三	八	一
二	四	六
七	九	五

圖二十：本當用一入中，兼向用坤壬乙訣，地元龍一即壬，屬陽，當用二入中順飛，挨到向首為八

一	六	八
九	二	四
五	七	三

圖廿一：四運丑山未向兼向替卦盤

8 1 三	4 6 八	6 8 一
7 9 二	9 2 四	2 4 六
3 5 七	5 7 九	1 3 五

若兼而不變，無替可尋者，則照正向挨法行之可也。其山向宮位如值運盤五到，則無替可尋，仍五入中，而依山向之陰陽為順逆推排之繩，則此與下卦同一例也。立向之道崇尚清純，陰陽互兼便犯差錯，出宮兼向更嫌卦氣龐雜，二者皆因順山川之情勢不得已而立之，然須以乘時合運為依歸，坤壬乙訣為取裁，必使旺星挨到山向，又得旁水聯珠之美，此為地卦出而天卦不出，轉主大吉，若不明奧義，竟落衰死，出卦故凶，差錯亦難免咎，不可不慎也。或云出宮兼向，其卦不變者無咎，此不足為訓。緣陰陽差錯，乘時合運尚不能作旺向論，況出卦乎。此替卦之概略焉！

上文論立替卦之說，確為的論。沈公之子祖緜在《沈氏玄空學》亦提到：「有謂此訣非玄空真傳，其實此訣實係的傳，惟細心觀察，所謂星者，係隨時而在之星，非呆板之星也。下卦起星（即替卦），截然分為兩事」。又曰：「茲言用替，重在向首一星」。筆者秘藏沈祖緜（瓞民）秘本《坤壬乙一訣之原理》，書中以先天生成數解釋替星之原理，並附三元九運年月九星表。倘遇下卦向與巒頭不配的情況，可用兼線替卦。如外巒見獨水，放光不在旺向星處，可試用替卦來挨排星盤，合則用兼線替卦之坐向來判定墓宅之吉凶。然而，請務必注意向首一星是否得配，此乃論定吉凶之關鍵所在，切勿掉以輕心。

收山出煞

《沈氏玄空學》卷二論及「收山出煞」，原文如下：

或問：「天玉經末章云『更有收山出煞訣，亦兼為汝說』。玩更有、亦兼四字何等鄭重，而蔣章註解勻未言及，究竟其理若何？」答曰：「此二句溫氏雖揭其理，然終未明白透澈，其實蔣註、章解、溫續解，在《都天寶照經》〈天機妙訣本不同，八卦只有一卦通〉一章內已將收山出煞訣之要理說得頭頭是道，學者見之自然明瞭。不過註此反略者為天機不可洩漏一語所誤耳。」

文中提及的「溫氏」，指溫明遠。溫氏於《地理合璧》一書闡釋了《天玉經》末章玄機：

「世人不知天機秘，泄破有何益？汝今傳得地中仙，元空妙難言。翻天倒地更玄玄，大卦不易傳。更有收山出煞訣，亦兼為汝說。相逢大地能幾人，個個是知心。若還求地不種德，隱口深藏舌。」

蔣云：篇終敘述授受之意，深戒曾公安之善寶之也。結語歸重於種德。今之得傳者不慎擇人，輕泄浪示，恐雖得吉地，不能實受其福矣，而泄天寶者，重違先師之戒，干造物之怒而自取禍咎者稀矣。

章直解：此法，造物之所忌，先師之所秘，恐人輕泄，故於篇終，特又叮嚀教戒之耳。穩口穩口，無取災禍。

溫氏續解：能明玄空翻天丁倒於地支之妙已不易傳，再知收山出煞之法，大他相逢自無錯過，而收山之秘，無非山上水裡，旺衰得宜，若山上排龍，高山實地要得生旺，向上排龍，水口三叉低窪之處，要得生旺，反此即是收不得山來，出不得煞去也。總之旺氣收入穴中，衰氣出於穴外，習是術者，不察種德之家，強求吉地，雖能人定勝天，究屬挽回造化，定干造物之怒，不禍及操術者，幾希矣。天地之玄機雖妄為宣泄，窮極其理，學者須精思冥悟，庶可洞若觀火，豈筆墨能盡述之也。

《都天寶照經》記載了蔣公、姜氏、章公及溫氏對「天機妙訣本不同，八卦只有一卦通」的有不同見解：

天機妙訣本不同，八卦只有一卦通。乾坤艮巽躔何位，乙辛丁癸落何宮。甲庚壬丙來何地，星辰流轉要相逢。莫把天罡稱妙訣，錯將八卦作先宗。乾坤艮巽出官貴，乙辛丁癸田莊位。甲庚壬丙最為榮，下後兒孫出神童。未審何山消此水，合得天心造化工。

蔣氏曰：一部《寶照經》不下數千言，皆半含半吐，至此忽然漏泄。蓋陰陽大卦，不過八卦之理，而篇中乃雲八卦不是真妙訣者，正為不得真傳，不明用卦之法故也。而其所以不明用卦之法者，皆因泛言八卦，而不知八卦之中止有一卦可用故也。大五行秘訣不過能用此一卦，即從此一卦流轉九星，便知乾、坤、艮、巽諸卦落在何宮，二十四干支落在何宮，而或吉或凶，指掌了然矣。俗師不得此訣，妄立五行，有從四墓上起天罡，以為放水出煞之用如何合得八卦之理。夫收得山來乃出得煞去，不知一卦作用，山既無從收，一卦不收諸卦干支，又何從流轉九星，求純棄駁而消水出煞乎？今人但知二十四山處處可出官貴，處處可旺田莊，處處可出神童，而不知二十四位水路交馳，果下何卦，收何山，乃消得此水，出得煞去。夫既不能收山出煞，則其談八卦、論干支皆胡言妄說而已，何以契合天心而造化在手也？天心即天運，非善人合天之家不能遇也。大五行所謂一卦，即指天心正運之一卦也。篇中露此二字，其間玄妙難以名言。楊公雖指出天心一卦之端，而其下卦起星之訣究竟未嘗顯言，則天機秘密須待口傳，不敢筆之於書也。

姜氏曰：篇中八卦干支縱橫錯舉，原非實義。細玩此節何位、何宮、何地等句，即知經文皆屬活句，非死句也。我師於前篇注中切戒學者毋得執定方位，意在此爾。凡讀楊公書者，當知此意非獨《寶照》而已，《天玉》、《青囊》無不皆然。

直解：一卦者，一元一卦，即天心正運之一卦也。能用此一卦，則知乾、坤、艮、巽落在何宮，二十四干支躔在何地，或陰或陽，或順或逆，或左或右，指掌了然矣。不識此卦，誤認五行八長生、四墓庫、左旋右轉，以為放水出煞之用，不亦謬乎？知此一卦，即知收得山來，出得殺去；不知此一卦，則談八卦，論干支，皆糊言妄語而已。豈能契合天心，挽回造化哉！

溫氏續解：天機妙訣則有一卦可通此一卦，乃天心正運之一卦。如一運，坎為一卦，立極中五，即為天心，順數坤二到乾，逆數離九到乾，順逆顛倒，依數排去，即知乾坤艮巽纏於何位，乙辛丁癸落於何宮，甲庚壬丙來於何地。玄空之星辰既以流轉，再以應用山向，所得星辰之陰陽，交媾於中五，順逆挨排，八卦二十四位干支何位得旺，何位值衰何方應要有山，何方應要有水，山水旺衰既明，而收山出煞，亦在其中矣。收山者，即收生旺到水，出煞者，即出衰星到山，此以排向而言，若排坐山，即收生旺到山，為之收山出衰星到水，為之出煞。若八方之山水旺衰各得亦為之收山出煞也，如立乾坤艮巽之山向，乃卦之中氣，力量較大，所以可出官貴，乙辛丁癸卦之爻神，力量稍遜，尚與父母陰陽一氣，所以能致四莊之當，甲庚壬丙，雖亦爻神，與父母陰陽之氣不一，氣局更窄，且未免稍機，所以能為榮而已，此辦立向，卦之中氣爻神，力量大小耳。

大家閱畢以上蔣註、章解、溫續解，可知生旺向星方見水、生旺山星方見山曰「收山」；衰死向星方見山、衰死山星方見水，曰「出煞」；若八方山水旺衰並見，謂之「收山出煞」。可是，「收山出煞」的真正意義，是否這樣簡單呢？

《沈氏玄空學》卷五詳解「收山出煞」，節錄如下：

「青囊序曰：『山上龍神不下水，水裏龍神不上山。』此語乃吉凶之樞紐，禍福之關鍵，為玄空理氣中扼要法門。山主人丁，水主財源，龍神得失所關至鉅，偶或顛倒則損丁破財，為禍百端，故山上排龍切忌下水，必置旺星於高山實地。水裏排龍並忌上山，亦須挨旺星於池蕩河流或低窪之處，此山向飛星安排之要訣，不容倒置者也。

茲舉七運乙山辛向一局，以例其餘。山上排龍以運盤五到山，用五入中，乙陰逆行，山上飛星七到山，七即當令之星為旺氣。八挨坤，八係將來者為生氣，故七八兩方要高。九在坎遇高地，則山上龍神得所矣。生旺之氣放在高處，主旺人丁。六為衰氣，臨於巽方，四為死氣，臨於乾方，若巽乾方高則為衰死氣得力，故宜巽乾兩方有水，則衰死之氣放在水裏而煞脫矣。水裏排龍運盤九到向，用九入中，九即丁陰逆行，向上飛星七到向，七為當運之旺氣，八在乾，為未來之生六為衰氣，生旺之氣放在水裏主旺財源。六為衰氣，五四為死氣，若有則衰死之氣得力而煞存也。故艮離坎三方宜高而不喜見水，則衰死之氣放在高處矣。且水裏排龍生旺固宜挨到水裏，而山上排龍衰死亦要放在水裏，則兌乾兩方有水俱一舉兩得。反之震坤坎三方有山，亦各得其宜。總之，能辨五行之衰旺以配合龍神，則豈徒免上山下水之病，而收山出煞之妙用亦道在斯矣！」

上文註解非常清晰。文中所舉例子可參考下圖：

圖一：七運乙山辛向正卦向

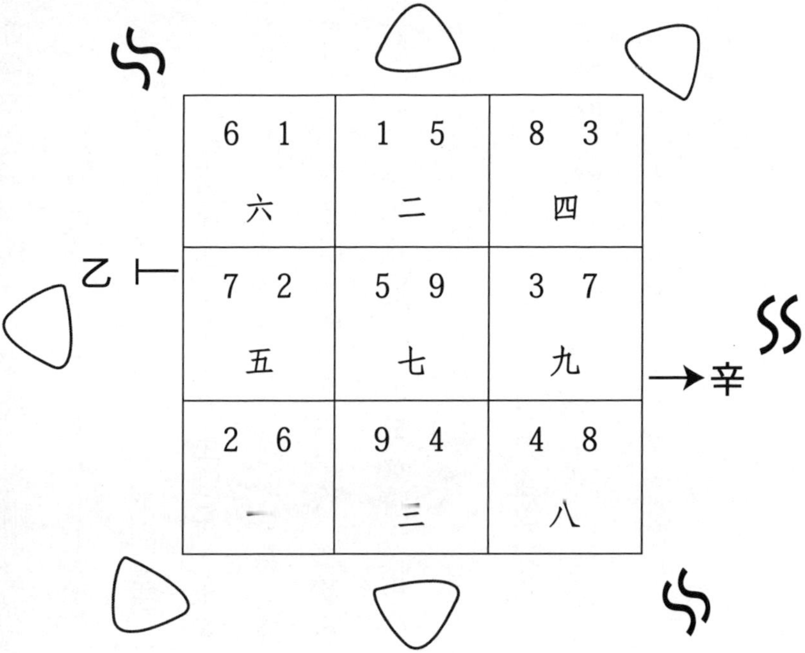

簡而言之，「收山出煞訣」有兩大要點：

以煞星論，向星見山者或山星見水者，曰出煞。

以吉星論，山星見山者或向星見水者，曰收山。

若該宮見水，向星為生旺星，山星為衰死星，可謂「一舉兩得」；反之，若該宮見山、向星為衰死星，山星為生旺星，則「各得其宜」。上例「收山出煞」之妙用，僅適用於坤、兌、乾、坎及震方。因為艮方衰氣向星六見山為出煞，死氣山星二卻不能出煞，巽方及離方情況亦同。所以，此三方不論見山或見水，從「收山出煞」理論而言，皆有缺陷。

其實，「收山出煞訣」至為精辟之處，在於「八卦只有一卦通」和「辨五行之衰旺以配合龍神」。令八國山水皆通向首一宮，始為「收山出煞」之要義。現舉一八運坐卯向酉例說明之（圖二）：

圖二：八運坐卯向酉正卦向

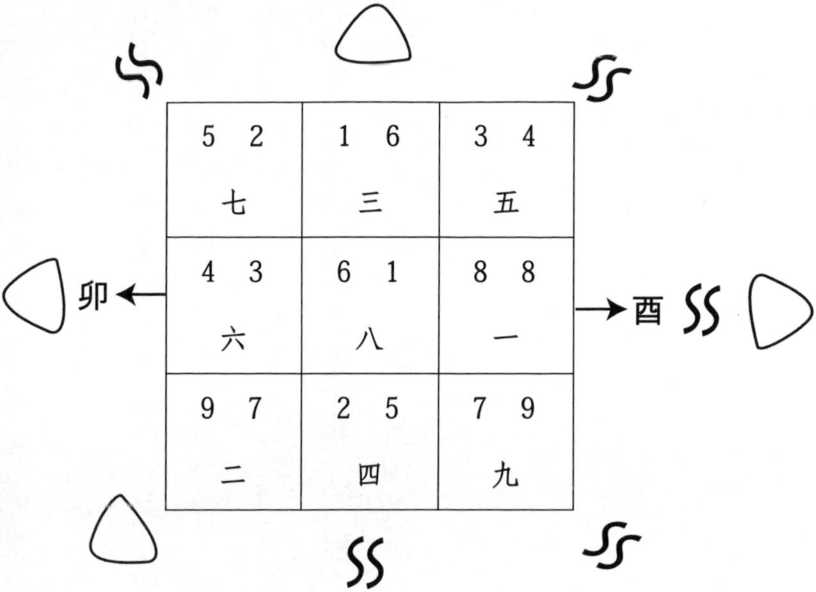

乾方向星九見水，坎方向五見水，艮方向星七見山，震方向星三見山，巽方向星二見水，離方向星六見山，坤方山星三見水。兌方先見水後見山，乃真正的「收山出煞」。先要辨九星衰旺，其次配合龍神，再衡量八宮山水對每宮龍神力量之影響，最後觀察五行是否通向首一卦。九星之衰旺，必須根據三陽星、三陰星和對頭星來判定，五行對此等星影響較少，故可不辨五行；其餘各星則相反，五行乃判斷吉凶的重要因素。補充一點，八運時，三陽星是八白、九紫、一白；三陰星是七赤、六白、五黃，對頭星是三碧。

運尅龍趨避法

《沈氏玄空學》卷五〈玄空輯要〉章提及「運尅龍趨避法」，節錄如下：

「凡立旺山旺向，本主大吉，然又當觀近穴一節龍脈有無尅洩，運尅龍曰尅，龍尅運曰洩，逢尅則絕，逢洩則衰，此生尅制化之一訣也。如九紫運立午山子向（圖一），旺星到向，誰云弗吉？但龍脈若從兌方入首，山上運星是四，四即巽，陽也。當四入中順行，六到兌，六為乾屬金，即犯火運尅金龍矣，便主絕丁。逢此來脈，宜立午子兼向（圖二）。則山上可用替，運盤之四變為武曲，當用六入中順行，而兌上之乾金變為艮土，非特不尅而反得火運生土龍之妙，主丁氣大旺，此趨吉避凶之法也。餘若九紫運遇一白龍，則為龍尅運矣。餘類推。」

沈公提出了幾個要點。其中一點關於人丁。旺山是否到坐、是否見山，固然影響人丁衰旺，原來，來龍人首方之山星及各運之五行生尅關係，也會影響人丁。

沈公就此列舉例子加以解釋，並提出化解之法：

圖一：九運午山子向正卦向

3 6 八	8 1 四	1 8 六
2 7 七	4 5 九	6 3 二
7 2 三	9 9 五	5 4 一

九運坐午向子，龍脈在兌宮入首，兌宮山星六白飛到，乾六五行屬金。九運為離卦，離五行為火，尅「龍」山星六之金，故謂「運尅龍」，主傷人丁。

圖二：九運午山子向兼卦向

5 6 八	1 1 四	3 8 六
4 7 七	6 5 九	8 3 二
9 2 三	2 9 五	7 4 一

九運坐午向子兼線用替卦，龍脈在兌宮入首，兌宮山星八白飛到，艮八五行屬土。九運為離卦，離五行為火，生「龍」山星八白之土，「龍」得旺，故主旺人丁。

沈公只舉例說明「運尅龍」，而「龍尅運」則輕輕帶過，沈公謂「九紫運遇一白龍」，指的是九運艮山坤向（見下圖三）。若要「龍」生運，可立九運未山丑向（見下圖四），兌方來龍，山星四綠到兌宮，四綠五行屬木，四綠木龍生九紫火運為龍生運，主丁氣大盛。

所謂一理通則百理明，請謹記，「龍」與「運」忌五行相尅，宜五行相生或比和，主丁旺。陰宅而言，若山上龍神不歸位，必須留意來龍一節與該宮位山星的五行生尅。

圖三：九運艮山坤向正卦向

4　5 八	8　1 四	6　3 六
5　4 七	3　6 九	1　8 二
9　9 三	7　2 五	2　7 一

圖四：九運未山丑向正卦向

7　2 八	2　7 四	9　9 六
8　1 七	6　3 九	4　5 二
3　6 三	1　8 五	5　4 一

「運尅龍趨避法」乃玄空學中催子嗣的其中一個秘訣，用於陽宅可收催丁之效。

筆者現以八運庚山甲向（圖五），兌方來龍為例（見下圖）剖析箇中隱秘：

圖五：八運庚山甲向正卦向

9 7 七	5 2 三	7 9 五
8 8 六	1 6 八	3 4 一
4 3 二	6 1 四	2 5 九

是局雙星到向，山上龍神不歸位，從理氣而言，乃人丁不旺之局。再且，來龍在兌宮，山星三碧飛到，震三五行屬木，八運為艮卦，五行屬土，被「龍」三碧木所尅，龍尅運，主丁衰。是故該宅丁氣衰敗，夫婦不育（身體正常，因風水問題以致不育）。夫婦二人欲有子嗣，遷居他處乃上策，若然不能遷居，則可用運生龍訣生旺人丁。

八運為陽土運，生七赤陰金龍（陰陽相生力大，故不用六白陽金），山星七到坤宮，可於內巒置高櫃增強山星七之力，此外，於兌宮放動水以削山星三之力。若三個月後仍無成效，便要再加強力量，可於巽宮山星九的一方放火卦之物。運用「龍生運正訣」（九紫火山星生旺八白土運，亦會生旺山星七，亦屬運生龍）必須留意一點，此訣只適用於雙星到向之盤，大家運用時務必注意。

七星打劫

《沈氏玄空學》卷一論「七星打劫」，釋之甚詳，並列出「七星打劫」所有星盤。沈氏的「七星打劫」可分為「真打劫」和「假打劫」，讀者可自行涉獵，在此不贅。「七星打劫」為三元玄空秘局，能劫奪未來元運之氣。筆者所學之「七星打劫」，與沈氏的稍有不同，要求更為嚴謹：

一、向（只能在坎、離兩向）［沈氏之學沒有此限］

二、經四位父母三般卦［與沈氏同］

三、坎離水火中天過（「中天過」者指合生成）［沈氏合十亦算］

運用時：

一、向首要空

二、離向局震宮、乾宮要通、要動；坎向局兌宮、巽宮要通、要動

三、紫微、八武宮位要動（坎向局為乾宮，離向局為巽宮）

「七星打劫局」運內可旺大財，香港滙豐銀行乃「七星打劫局」之佼佼者：

一、坐向為七運丁山癸向（全局向星合十亦為貴局）

二、向首坎方空

三、乾、兌、巽方有動（扶手電梯接外氣）

由於「動水」不以通論，要氣動才算動。因此，即使中國銀行和滙豐銀行坐向相同，也成不了「七星打劫局」。

渣打銀行前方宜空，否則旺氣障塞。因此，即使坐向和滙豐銀行相同，亦不成「七星打劫局」。

「七星打劫局」多用於大型建築物，一般住宅或商鋪較難應用。

筆者在此想和大家分享「曹秋泉問」一節，現節錄如下：

曹秋泉問。近在蘇城晤仲山後人。商摧北斗打刦之法。始終不露隻字。相處日久。允以執事之奧語第一節解釋相交換。始謂此係奇法。囑立誓不得洩漏。否則必犯天譴。彼曾偶洩此法。是年家中病人不少。亦姑妄聽之而已。彼云今年三運丙山壬向午山子向均能打刦與執事之說

不合一再辨論始終以天機不可洩漏相搪塞究係何故請高明决之

答曰胡伯安藏有姜垚從師隨筆云吾師（指蔣大鴻）在魏相國家中得祕笈諸法皆能了了獨於北斗打刧未載故註天玉經不敢明白載明一日告予北斗打刧即坎離二卦是也予窮思深究知用坎者與巽兌成三般卦用離者與乾震成三般卦再問之先生微笑僅謂子可與言道矣思得其半矣細繹仲山解釋此法實本姜氏之隨筆予則以爲思得其半知此法如能用坎則不能用離能用離則不能用坎二者不可得兼如三運丙山壬向離宮爲七（四二）坎宮爲八（三三）以四爲未來之氣刧而用之是也子山午向離宮爲七（三三）坎宮爲八（二四）以四爲未來之氣刧而用之亦是也始終不能决定乃歷訪人家塚墓始明用離合而用坎不合且令星非居向首不可刧奪未來之氣斷非三運能奪四運五運能奪

六運之謂實上元可刦中元中元可刦下元之謂也其法均出於易以圖證之可一目了然細玩天玉經亦能徹底明白經云識得父母三般卦便是眞神路北斗星去打刦離宮要相合父母三般卦者即一四七二五八三六九之謂也三般卦者一二三二三四三四五四五六五六七六七八七八九八九一之謂也此節着重父母二字是言父母之三般卦非三般卦也可知刦奪未來之氣指元而言非指運而言也眞神路即隔四位起父母是也離宮要相合言離宮必須合三般是也又悟乾震二宮亦能用打刦法與離相同

章仲山後人清楚說明三運丙山壬向、午山子向均能打劫。但根據沈氏「七星打劫」原理，三運午山子向是雙星到坐，因此三運丙山壬向是打劫局，三運午山子向則不然。沈氏沒有解釋箇中原因，只重申「令星非居向首，不可劫奪未來之氣」。究竟是沈氏故弄玄虛，還是章氏後人理解不當？

其實，以上兩位先賢所說皆是。只是涉及玄空秘局，因此沒有深入解釋而已。筆者可以在此隱隱透露玄機：三運午山子向為玄空大局，比「七星打劫局」更勝一籌。章仲山的《臨穴指南》，①第七例——「蘆橋薛宅」提及三運午山子向：「章公謂：『離方高山出脈，落平田結穴，坎坤震巽乾水，葬後大發丁財，此局所謂卯山卯向之局也。』」

①：心一堂術數古籍珍本叢刊本《臨穴指南》。【清】章仲山撰。章氏是清代中葉名滿江浙的一代地理名師。章氏及其門人後世被稱為「玄空六大派」之一的「無常派」。章氏一派對堪輿界影響甚鉅，其理論以「挨星訣」為核心，並以「後天九宮飛星」作挨星，即據山向二星入中順逆飛佈九宮為擇地、佈局、立向、斷事等推演吉凶之本。此學說影響了清末的沈竹礽。沈氏窮畢生之力破解「章氏玄空法」，後從秘本中悟出章氏挨星之法亦以飛星為主。沈氏門人在民國初年撰集《沈氏玄空學》一書，把秘訣公諸於世。「飛星法」被尊為玄空顯學，蔚為大宗，影響至今。可是，章氏的訣竅並未有悉數公開，其後人藏有章氏從未刊刻的秘藏手稿如《章仲山挨星秘訣》、《陰陽二宅錄驗》（《仲山宅斷》）、《章仲山宅案附無常派玄空秘要》及《臨穴指南》等，記載了秘傳的心法及風水案例。其中《臨穴指南》一書約有宅案一百五十例，相信是章仲山得訣後覆墳（宅）之原始記錄，是章氏「無常派」遺稿秘中之秘。

作者簡介：章甫，字仲山，自號錫山無心道人，江蘇無錫梁溪人。清代中葉三元玄空地理名家，流傳著述有《地理辨正直解》、《天元五歌闡義》、《元空秘旨註》、《心眼指要》、《臨穴指南》、《陰陽二宅錄驗》（《仲山宅斷》）、《保墓良規》、《章仲山挨星秘訣》（《拗馬秘訣》）等。傳子雲谷、孫其渙，門人有桐鄉陳柳愚、長州柯遠峰、金匱錢荊山（即錢韞巖）、吳縣徐嘉穀、湖州陳陶生、金匱陶康吉等。

三運午山子向為玄空四大秘局之「卯山卯向卯源水」，觀飛星山水圖，三運午山子向屬雙星到坐，坐後見山。大家有否發覺，該局向星飛到坐方為上山，按理氣而言是損財局，加上見山，配合巒頭，更是破財之局。可是，章仲山說葬後大發丁財，豈非有違玄空理論？筆者舊著《玄空風水心得．父母三般卦之秘》一章，曾提及二運艮山坤向，理氣顛倒，形巒相反，但先人下葬後丁、財、貴三者皆備。竊以為在蔣大鴻眼中，二運艮山坤向，實為到山到向之局，再配合巒頭，乃玄空一大秘局。上述情況正屬此例。在章仲山眼中，三運午山子向實為雙星到向之局，配合巒頭更成「卯山卯向卯源水」局，重點是必須在巒頭坎坤震巽乾五方見水。

章仲山後人指三運丙山壬向乃七星打劫局，外巒配合坎兌巽三方見水為合局。三運午山子向亦能打劫，亦屬四大秘局，但要配合坎、坤、震、巽、乾五方見水，方才合局。四大秘局涉及玄空五入中及三般卦之秘，若能拆解，即可躋登玄空學之堂奧。

筆者在此提及四大秘局，是因為其理論和「打劫」關係密切。若然了解四大秘局，大家遇到和七星打劫相關的難題時，便能迎刃而解。如：為甚麼該三宮要通要空？何以該五宮要見水？了解四大秘局的原理後，便會知悉應從三宮星卦和不見水三宮星卦上尋求原因，方能破解箇中玄機。

此例也說明了巒頭的重要性。空有理氣但無巒頭配合，亦不成局。如上文提及三運丙山壬向（圖一）是七星打劫局，單以理氣來說，是雙星到向，配合巒頭坎方、兌方及巽方見水並通，遂成七星打劫局。若巽方不通，則不成局；又或僅離方通，也不成七星打劫局，只是普通雙星到向局而已。又如三運午山子向（圖二），須在巒頭坎、坤、震、巽、乾五方見水，方成「卯山卯向卯源水」之局，如其中一方不見水，又或離、兌、艮三方僅一方見水，秘局亦不成，只是雙星到坐局而已。

圖一：三運丙山壬向

6 9 二	2 4 七	4 2 九
5 1 一	7 8 三	9 6 五
1 5 六	3 3 八	8 7 四

圖二：三運午山子向

8 7 二	3 3 七	1 5 九
9 6 一	7 8 三	5 1 五
4 2 六	2 4 八	6 9 四

雙星斷事之真義

三元玄空飛星近年備受推崇，學習者眾，甚至成為風水學主流。很多人認為三元玄空飛星斷事準確，一位資深玄空師傅踏進住宅，即可根據住宅之坐向、佈局、宅內人命卦等資料，判斷入住後有何問題，甚至能準確預計宅內人何時有血光之災或升職等吉凶。

不諳風水者，或許會對此嘖嘖稱奇，但熟諳三元玄空者，則見怪不怪。三元玄空風水有一獨門秘訣——「雙星斷事」，其原理是以八卦宮內所挨排到之九星，根據九星星情和元運得失，比較兩星之五行生尅去論斷將見之事。三元玄空風水有四部經典著作專論斷事：

一、《玄空秘旨》，
二、《玄機賦》，
三、《紫白賦》，
四、《飛星賦》。

上述四部經典主要論述玄空挨星斷訣，如星卦、雙星斷事等，內容頗多奧旨，乃研習玄空風水者必讀之作。此四部古籍亦輯錄於《沈氏玄空學》內，沈公之子沈祖緜（瓞民）為之作註，遂成《玄空古義四種通釋》一書，收錄於《心一堂術數古籍珍本叢刊》第一輯內。①

①《玄空古義四種通釋》，原一冊，不分卷。沈瓞民撰。線裝。民國二十九年（一九四〇）鉛印本。虛白廬藏本。自作者整理及刊刻其父沈竹礽的著述後，「沈氏玄空」派風行海內，其學大盛，影響遍及海內外。飛星法乃成玄空風水顯學，影響至今。沈瓞民是「沈氏玄空」派第二代宗師，不墨守其父所悟的玄空秘訣，繼續搜羅及研讀諸家堪輿秘笈（如門人申聽禪所得之《章仲山挨星秘訣》、《沈氏玄空吹虀室雜存》等），對「沈氏玄空」內容有所訂正、深化及發展。作者在民國初年，堪輿學上聲譽極隆，如孫中山逝世後，宋慶齡親自請他勘定墓址（即南京中山陵）、蔣介石請他為蔣母修墓、蘇州的城門改造。據說香港山頂道一號的豪宅，也出自沈氏手筆。書中對九星易理、卦氣、分金、應期等釋之甚詳，可作《沈氏玄空學》內容的補充。

沈祖緜（一八七八至一九六九），字瓞民、迪民，流亡日本時化名高山獨立郎，浙江錢塘人。其父是晚清著名易學家、堪輿家沈紹勳（竹礽）。幼承家學；及長，入浙江大學堂，畢業後留校任教。

後留學日本。與孫中山、章太炎等友好，籌組光復會、加入同盟會，投身革命，多次流亡日本及海外。晚年定居蘇州富郎中巷德壽坊（即沈氏自得齋，今尚存）。沈氏除精通易學、堪輿外，兼通訓詁、史地、中醫、詞學、武術氣功、外語（日、英）等。一生著述甚豐，達百餘種，惜多散佚。一九六九年被抄家後，所藏古籍及著述被焚，憤恨而終。易學、堪輿方面著述有：《三易新論》、《八風考略》、《增補沈氏玄空學》、《玄空古義四種通釋》、《地理疑義答問》等。子延國、延發，門人申聽禪、楊純三、馮柏榮、陳瀚清等傳其學。

坊間很多玄空風水學書籍論及雙星斷事，且大多以山星會向星為據，更表列出山星一至九、會合向星一至九共八十一組吉凶。只要知道宮位的山星及向星，查閱表格，便可得知將會發生之事，看似簡單非常。然而，玄空風水學博大精深，僅查閱表格斷事，未免兒戲。觀《沈氏玄空學》宅斷一章列舉的數十個陰宅及陽宅案例，已知其斷事不單單根據山星會向星，亦要兼顧運星與山星、運星與向星、元旦盤與山星、元旦盤與向星的組合。另一部玄空經典著作《宅運新案》，更以流年星、流月星、流日星、流時星，山向星等組合來斷事。此外，也有玄空師提倡以建樓運運星與流行天心運星組合來斷事。由此可見，不計流月星、流日星、流時星（因其跟隨流年星自成系統），單在一個宮位內，最少已有六粒星曜：

一、元旦盤星
二、建樓運運星
三、天心正運運星
四、山星
五、向星
六、流年星

這六粒星在宮位內互有關連，若以雙星斷事，即共有十五組雙星組合。那麼，該以那個組合來斷事呢？如七運坐未向丑（圖一），坎宮元旦盤（圖二）是一白，運星三碧，向星六白，山星八白，到八運時（圖三）多了天心一盤運星四綠，於二零一六年二黑入中（圖四）有七赤星加臨。

圖一：七運未山丑向正卦向

5 9 六	9 5 二	7 7 四
6 8 五	4 1 七	2 3 九
1 4 一	8 6 三	3 2 八

圖二：元旦盤

四	九	二
三	五	七
八	一	六

圖三：八運天心

七	三	五
六	八	一
二	四	九

圖四：2016流年飛星圖

一	六	八
九	二	四
五	七	三

於二零一六年在坎宮共有十五個雙星組合：

向星六白與山星八白之六八組合
向星六白與運星三碧之六三組合
向星六白與天心星四綠之六四組合
向星六白與元旦盤星一白之六一組合
向星六白與流年星七赤之六七組合
山星八白與運星三碧之八三組合
山星八白與天心星四綠之八四組合
山星八白與元旦盤星一白之八一組合
山星八白與流年星七赤之八七組合
運星三碧與天心星四綠之三四組合
運星三碧與元旦盤星一白之三一組合
運星三碧與流年星七赤之三七組合
天心星四綠與元旦盤星一白之四一組合

天心星四綠與流年星七赤之四七組合
元旦盤星一白與流年星七赤之一七組合

一個星盤有八國九宮，每宮內有六粒星，共十五個雙星組合。換言之，一宅內共有一百三十五個雙星組合可供斷事！究竟用那兩粒星斷事最為準確呢？坊間書籍大多沒有言明，很多師傅認為以山星向星組合斷事為確，然而，如上文所言，《沈氏玄空學》宅斷以運星或元旦盤星與山向星斷事，沈公竹礽及章公仲山皆玄空學宗師，其斷事方法，絕對值得借鏡參考。

筆者之所以鍾情玄空風水，全因其活潑潑，並非一成不變。筆者舊著屢次重申，即使星盤相同，但室內間隔、遠近巒頭、入住之人各異，則尅亦各異。那麼，該以甚麼準則斷事方才準確？請諸位謹記一點：以星曜斷事，當以宮內力量最大之星為據，此乃玄空雙星斷事以「玄」、「空」為本之要義。如門開在向星二黑位，向星二黑到門力大，流年五黃飛到，該宮是年外巒見動土，五黃力大，那麼，該年當以二五交加論斷吉凶。

向首一星

《沈氏玄空學》卷三宅斷，載有陰宅五十四例及陽宅十七例，共七十一例。此書原名《陰陽二宅錄驗》，無錫章仲山所著，沈竹礽偕其姻親胡伯安以重金向章仲山後人借閱，竭一日一夜之力將其悉數抄錄。沈氏及其門人王則先分別為之作注，收入《沈氏玄空學》一書。大家務必仔細研讀此書，因為有些案例隱藏了玄空秘要。筆者選了數個案例與大家分享：

慈谿俞姓祖墓　子山午向　七運扦

	午向	
水 四一 六	八六 二	六八 四 水
五九 五	三二 七	一四 九
水 九五 一	七七 三	二三 八 水
	子山	

此地平田龍從子癸方來。乾坤艮巽四維之方。均有水。

錢蘊巖曰。此地主餓死。後果以中風不得食餓十餘日而死。家業亦蕭條。

沈註。前有陸姓墳。扦於二運。亦四維之方皆有水。惟水外有山坐朝。與此相同。葬後出名儒巨富。此地亦四維之方有水。特水外無山。致餓死者。彼係旺龍。旺向。四方配合有情。此局是衰向。全無生氣入門。且向首

運星是二二爲坤爲腹向星是六六爲乾爲頭頭腹皆無生氣所以餓死此與陸氏一局所謂吉凶不同斷也

則先謹按是局四水開陽全盤合十坤方土金相生巽方一四同宮形氣如此似可無庸眥議孰知災福之柄操於向首一星其應速而驗神今是局以退神管向之故致四庫之配合失其綱領不相呼應衰氣所感遂有餓死零替之應寃哉

是篇論及巒頭山水相配之重要性。有水而無關欄，四方浪蕩欠靠，局非吉局，形非佳巒，理當以凶論。

沈公以向首運星二及向星六解釋餓死的因由，然而，何以不論山星八？因為向首以向星為君，如則先按語所言「災福之柄操於向首一星」，可見向首一星為向首元神，影響至巨。上例七運子山午向，雙星到坐，向首向星飛到是六，六白星於七運是退氣，退神管向故招退敗。由此可知，向首一星至為重要。筆者早已論及向首一星，原理與此例不謀而合（詳參拙作《玄空風水心得·斷向不當旺客星加臨之咎》一章）。若當運星不到向首，流年衰星、凶星加臨固然主凶，即使流年吉星加臨，亦主發禍，換言之，當旺向星不排到向首，皆主退敗。

向首向星為盤中「元神」，其得失至為重要，對整盤影響至巨。簡言之，當運向星到向，即「生」，主吉；反之，當運向星不飛到向首，則「死」，主凶。故古時玄空風水師選地下葬，除非外巒山顛水倒，否則必選旺山旺向或雙星到向之局。尤用於平洋之地，如此佈局，古時可說立於不敗之地。

時至今天，此局亦適用於陽宅。首選是坐向旺山旺向，或雙星到向之宅，但陽宅還要顧及一點——門向一星。現代社會陽宅門向一星亦極為重要，其重要性可與向首一星分庭抗禮，故有師傅稱門向一星為「宅神」，主一宅之吉凶，宅神吉則吉，宅神凶則凶。如現為八運，八白為當運星，假若宅門開在八白向星方，是為「一貴當權」之局，主大吉。然而，理氣理論雖如是，還要配合巒頭及其他因素，方可準確論斷吉凶。

倘若當運向星飛到向首，門又開在向首方，盤中「元神」和「宅神」皆在同一宮位，此局力量最純最大，乃上佳之格局。如果「元神」與「宅神」在不同宮位，在陽宅而言，當運向星飛到「元神」方，則星盤星數為「生」，宅神開在吉星位，主吉；反之，當運向星不到元神方，則星盤星數為「死」（如上例退神到向主退敗），即使宅神開在吉星位，亦不以吉論。

總而言之，不論陰宅或陽宅，坐向星盤必須當旺星到向首「元神」方，陽宅更要「宅神」開在吉星方。假若「元神」及「宅神」無巒頭理氣剋洩，便稱得上是風水好的陽宅。

父母子息運財法

《沈氏玄空學》卷三．陰宅秘斷．施姓祖墓

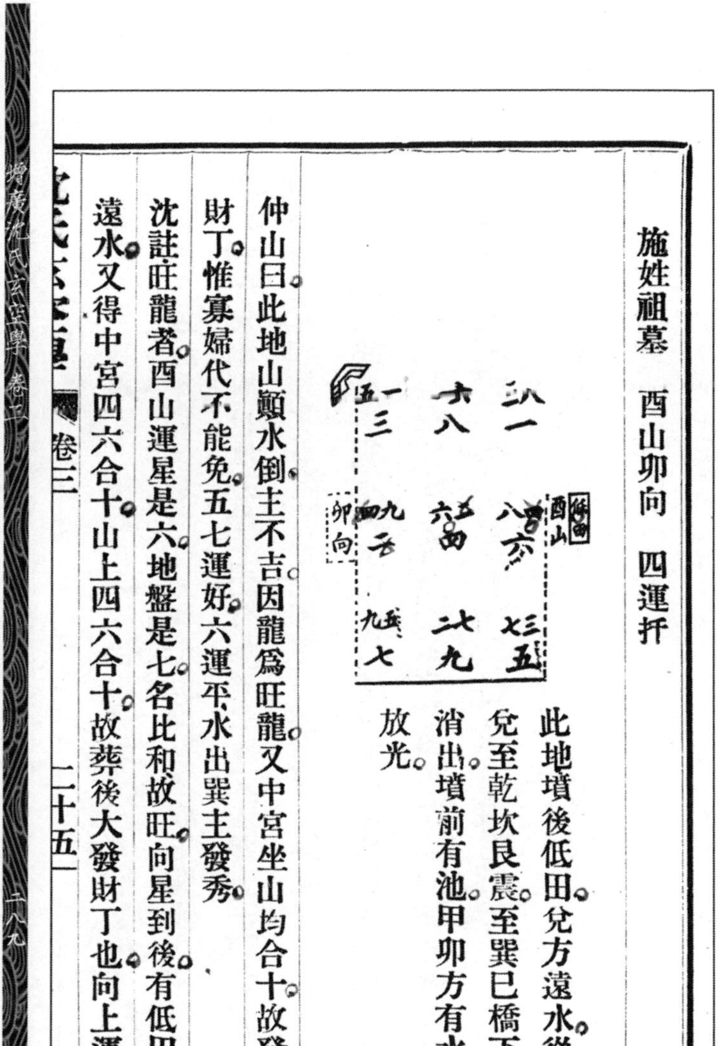

施姓祖墓　酉山卯向　四運扦

此地墳後低田。兌方遠水。從兌至乾坎艮震。至巽巳橋下消出。墳前有池。甲卯方有水放光。

仲山曰。此地山顛水倒。主不吉。因龍爲旺龍。又中宮坐山均合十。故發財丁。惟寡婦代不能免。五七運好。六運平。水出巽主發秀。

沈註。旺龍者。酉山運星是六。地盤是七。名比和。故旺。向星到後有低田遠水。又得中宮四六合十。山上四六合十。故葬後大發財丁也。向上運星是二中宮亦是二二一坤爲寡宿故代出寡婦三四人惟此地旁氣甚通發必久遠旺星到艮是五乾方亦是五均有水故五運佳六運平平者六到午無水故也坎方是七而有水故七運又佳巽方一到地盤是四一四同宮故秀才不斷惜有橋相冲不然出科甲無疑矣

則先 謹按此局本犯水神上山今坟後爲低田遠水則水神仍得其所此龍空氣不空作法也可見理氣之效用端在與形巒相配合然坟前有池究犯下水且陰神叢集於向首亦爲識者所忌

仲山曰「發財丁秀出寡婦」，沈註及則先的按語解釋了箇中原因。沈公在此案例隱晦地透露了一個催財方法，大家若不仔細研讀，很容易忽略其中精奧。

「旺星到艮是五，乾方亦是五，均有水，故五運佳，六運平平者，六到午無水故也，坎方是七而有水，故七運又佳」沈公這段註解，似乎針對仲山「此墳財運五七運好六運平」而言。大家若對玄空學稍有認識定會知道，旺向星見水主財，五運時向星五見水、六運時向星六見水、七運時向星七見水，主該運財旺。上例六運時向星六方不見水，因此六運之財不旺。可是，大家有否留意，沈公特意補上「乾方亦是五，均有水』二句。倘若沒有此二句，理論反而更清晰。乾方見水但向星是三，向星三在五運時見水，何以會旺財呢？「乾方亦是五」意指運星五，為何沈公論七運時只提向星七，而不提其他宮位均有水呢？

在此可以告訴大家，沈公在此例揭露了一個催財方法，筆者姑且稱之為「父母子息運財法」。

「父母」，指運星；「子息」指山星及向星。論財，當以向星為主。沈公指財運要佳，當運旺向星及相關運星皆宜見水。從上例可知，五運時向星五在艮宮見水，而乾方運星五亦同見水，故財運佳；至六運時，兌宮運星六見水，但離方向星六不見水，故財運平平。七運時，向星七在坎宮見水，艮宮運星七亦見水，因此財運亦佳。

筆者推想，沈公在七運沒有明言「艮宮亦是七，均有水」，是因為不想把話說得太白。古人一般不會把玄空秘訣直言不諱，故沈公於上例只點到即止，後學要細心鑽研，方得其要。

請大家注意，「父母子息運財法」並不適用於立極之運和山向之宮，用於商業店鋪以催財則較合適。現為八運，此法亦不可用於八運之盤（因運八在中宮），僅可用於七運盤、六運盤、五運盤或更早運盤之商鋪。八運時，運星八白及向星八白皆見水，主財發。五運盤艮方見水（圖一）、六運盤兌方見水（圖二），或七運盤乾方見水（圖三），同時配合盤中向星八見水，亦主財發。

圖一：五運盤艮方見水

四	九	二
三	五	七
八	一	六

圖二：六運盤兌方見水

五	一	三
四	六	八
九	二	七

圖三：七運盤乾方見水

六	二	四
五	七	九
一	三	八

現舉一七運坐子向午（圖四）例說明之：

圖四：七運坐子向午正卦向

4 1 六	8 6 二	6 8 四
5 9 五	3 2 七	1 4 九
9 5 一	7 7 三	2 3 八

是例七運星盤向星八在坤宮，運星八在乾宮。八運時，佈局可在乾宮放一大魚缸，並在坤宮放動水催旺財運。

再舉一六運坐丑向未盤（圖五）：

圖五：六運坐丑向未正卦向

8 2 五	4 7 一	6 9 三
7 1 四	9 3 六	2 5 八
3 6 九	5 8 二	1 4 七

星盤向星八在坎宮，運星八在兌宮。八運時，佈局可在兌宮放一大魚缸，並在坎宮放動水催旺財運。是局因向星五黃在兌宮見水，因此催財力星較上例七運盤力量更大，成效更顯。

會稽任宅　子午兼壬丙　七運造

	向午	
四一 六	八六 二	六八 四
五九 五	三二 七	一四 九
九五 一	七七 三 山子	二三 八

此宅前面地高後有大河乾坎艮方均現水光後有大槐照水一片綠色屋內多陰暗住此屋者財丁兩旺因雙七到後後有大河故也然屋內有身穿綠衣之女鬼至申時出現因雙七到坎七爲兌爲少女也二黑到乾二爲坤母五黃到艮爲廉貞即九離爲中女五黃又爲五鬼此三方皆有大河水放光合坐下之七卽陰神滿地成羣故主出女鬼於申時出現者以坎爲陰卦申乃陰時也穿綠者因槐映水作綠色也且屋陰暗故鬼棲焉

八運初錢韞巖於未方爲開一門至今鬼不現矣因未方得八白旺星

艮方變爲二黑五鬼已化故無鬼也此乃一貴當權衆邪幷服之謂耳

則先謹按易不言鬼凡鬼均與卦氣有關然必與環境形態相湊合其驗乃神但屋得旺向或門開旺方其形氣亦能潛移此一貴當權之義是宅八運初錢韞巖爲就未方開門鬼不復現即旺門之力也

此宅何以鬧鬼，何以是女鬼，穿甚麼顏色衣服，甚麼時候出現，上文解釋得非常詳盡。上例把玄空卦理配合巒頭之論，發揮得淋離盡致，值得諸位細心研讀。

此外，有兩點很值得研究：

一、當旺山星見水主旺丁？

二、為甚麼未方開門鬼不再現？

問題一：此宅坐向雙星到坐，坐後有大河，當旺向星見水，財旺是毋庸置疑的。

但當旺丁星落水，理應損丁，何以謂居此屋者財丁兩旺？上文未有言明。綜合筆者所觀書籍，找到以下四種解釋：

（一）坐後見高大槐樹，可作山星見山論。

（二）山星之生氣八白到向，而此宅前方地高，作上山論，可補當旺山星七赤下水。

（三）此局全局山星與運星合十，合十則氣通，所以不致損丁。

（四）有說此宅子午兼壬丙應用兼卦向（圖一）

圖一：七運坐子向午兼卦向

3 1 六	7 6 二	5 8 四
4 9 五	2 2 七	9 4 九
8 5 一	6 7 三	1 3 八

兼卦盤當旺山星七赤飛到離宮見高地，因此丁旺。

除第四點解釋有點牽強外，其餘各點尚算合理。其實，上例丁旺，還有一個重要原因。

此局雙星到坐，山上龍神七赤歸位，又得向上龍神同宮相助，水動則山實，坐後見水沖，向上龍神獨旺，故山上龍神不以被沖論，反主丁旺。然而，由於旺星的能量有別於其他星曜，上述解釋只能用於雙星到坐、坐後見水沖的情況，其他組合則不適用。（詳參本書「沖起樂宮無價寶」一章）

又，如果宮內並非七七，而是山星七向星八，情況又如何？可以告訴大家，會變成損丁敗局。各位可能會疑惑：不是說山上龍神七赤歸位嗎？生氣向星八白土，不是五行生旺七赤金嗎？即使由五行生旺變成五行比和，但向星七赤同宮和比益山星七赤並沒有改變，既然如此，何以結果完全相反？

箇中玄機，是前者乃當旺向星，後者則不然。由此觀之，不僅旺山旺向配合巒頭才丁財兩旺，在當運時，雙星到向見水及雙星到坐見水，也是財丁皆旺之局。這正是當運旺星之威。

問題二：文中提及在八運初於未方開門，則鬼不復現。因為未方得八白旺星（坤宮內向星八白），故可視之為「旺方」，在此方位開門，可借助「旺門之力」潛移形氣，收「化鬼」之效。這就是「一貴當權」的意義。八運時八白為當旺星，開門以向星為尊，若坤宮向星八白飛臨，當以開旺門論。讀到這裡，大家可能有另一疑問：坤宮內未、坤、中三山皆為向星八白飛到，為何文中只提及在未方開門？若果在坤方或申方開門，效果相同嗎？其實，這涉及玄空陽宅一大秘訣——清純方位，亦涉及些子法。

在坤方或申方開門，雖然也是開向星八白旺門，但因為未方在八運時乃純清宮位，力量比在未方開門遜色。在純清宮位擺放風水物象來趨旺或化煞，力量極大。這也解釋了為甚麼擺放相同的風水物象，化解相同的理氣煞，一住宅成效顯著，另一住宅卻效果不彰。玄空風水以二十四山來起飛星盤，一卦內有三山，陰陽不同，起出的飛星盤也各異。擺放風水物象時，倘若只看八卦宮位而不論三山，理論上總有點說不過去，甚至不夠精確（如「八宅派」或「九宮飛泊派」只論八卦九宮，不論三山）。然而，玄空風水較精細，雖云二十四山，但除正向外，每山還有兼左、兼右、兼卦向，因此，星盤每一運並不只二十四個盤理。

一卦純清理論若套用於陰宅則比較簡單。地元龍坐向，砂、峯、水口等都在各宮的地元卦上，即為一卦純清。同理，天元龍坐向，砂、峯、水口等宜在各宮的天元卦上；人元龍坐向，砂、峯、水口等宜在各宮的人元卦上。可是，一卦純清理論若在陽宅應用，則比較複雜。必須計算坐向、天心元運、三山巒頭來論定清純宮位。上例七運子山午向為天元龍坐向，根據陰宅一卦純清理論，只要在坤宮坤山天元卦上開門，即為純清。然而，以陽宅而言，此說值得商榷。

蓋八運時為八白入中，五黃到坤方（圖二），地元龍為丑，屬陰，五入中逆飛，八白回首到宮，是八白旺星到門（圖三），乃真正的「一貴當權」。天元龍為艮，屬陽，五入中順飛，二黑回首到宮，因二黑衰星到門，故旺而不旺（圖四）。人元龍為寅，屬陽，五入中順飛，二黑回首到宮，也是二黑衰星到門，亦以旺而不旺論（圖五）。

圖二：八運八入中五到坤

七	三	五
六	八	一
二	四	九

圖三：地元龍五入中逆飛，八白到未

六	一	八
七	五	三
二	九	四

圖四：天元龍五入中順飛，二黑到坤

四	九	二
三	五	七
八	一	六

圖五：人元龍五入中順飛，二黑到申

四	九	二
三	五	七
八	一	六

根據玄空風水理論，如果用當運天心尋找三山清純位，七運時宜用七運天心，八運時則用八運天心。不管陽宅於那一運建成，清純宮位也會跟隨元運轉變。天心星到宮，根據其三山陰陽入中順或逆佈，當以逆佈一山（即旺星回首到宮）為該運該宮之清純位。如在陽宅的清純位上擺放風水物象化煞或催旺，效果卓著。

以上所論，僅從星盤理氣上找出清純位，但成效已較只運用八卦九宮為佳。要準確判定陽宅的一卦清純位置，還要計算元旦盤、運盤、坐向及巒頭。若要配合流年星，則更為複雜。因為星盤理氣上的清純位會因流年星入宮而改變，四正方和四偶方的清純位計算方法亦不同。《地理辨正》一書有論及理氣上的清純位，但行文隱晦，大家宜一字一句細心研讀，方能透徹理解箇中玄機。

無錫石塘灣孫姓祖墓　子山午向　二運扦

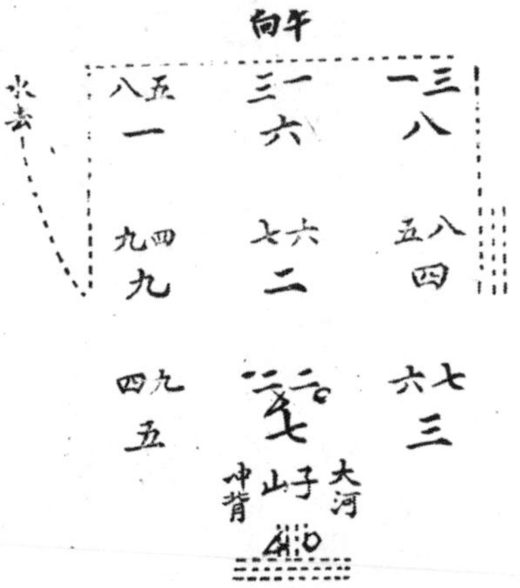

此局庚酉辛河水大宕。由坤離巽震。復從辰方消去。坎方有大河。并有一直瀆。當背沖於穴後。

仲山曰。此墳扦後已合元運。理當速發。坎方之水。取其特也。但形巒不美。一失元運。即財丁兩退。主人曰。我祖塋此墳時。賣糖度日。塋後本身

發有十餘萬下至數世猶有五六萬惟丁則大減
沈註塋後大發財丁者因兩盤旺星到後坎方有水特大名曰倒潮其
發最速天玉經云吉神先入家豪富其餘諸水皆收不起故僅一水得
元然坎方水雖特大而當背沖來究屬不美故一交六運即大敗也
則先 謹按坎宮爲當元令星所在有水特大所謂沖起樂宮無價寶
是也然犯龍神下水故主丁氣大減其餘震巽離坤兌等水皆收不
起無甚裨益交六運大敗入囚故也

此例有以下幾個重點：

一、沖起樂宮無價寶，旺向星見水沖，主速發

二、山上龍神下水，主丁氣大減

三、向星見水但收不起，亦主財退

四、入囚即大敗

第一點簡單直接，但必須注意一點：當旺向星必須獨旺，或動機必須至大、至突出，才稱得上「沖起樂宮無價寶」。若附近巒頭沒有明顯動水，或有多處水動，也算不上是「沖起樂宮無價寶」。在陽宅而言，大門開在當旺向星上，也屬「沖起樂宮無價寶」或「一貴當權」，一般主財旺。

第二點由王則先提出，但大家有否發覺，此說和沈公、章公之論，稍有不符：

章公謂：「一失元運即財丁兩退。」

沈公謂：「葬後大發財丁。」

章公和沈公均清楚指出，二運葬後大發財丁，運過後漸漸敗退。然而，當旺山星被大水沖射，丁氣非但不會減退，反主丁旺；同理，當旺向星見山，財氣亦不會減退，反主財旺。上述兩點理論上雖然正確，可是皆有條件限制：

- 雙星到坐，坐後有大水沖，水後有山脈，丁氣不減，反主丁旺。
- 雙星到向，向前有大山，山前平坦或有小水橫過，財氣不減，反主財旺。

玄機在於：

一、水裏龍神歸位（當旺向星排到向首）

二、山裏龍神歸位（當旺山星排到坐山）

三、雙星到向，得令向星可補救山星之失（比旺）

四、雙星到坐，得令山星可補救向星之失（比旺）

行文到此，筆者想請諸位學以致用，用上述理論試試「揀宅」——現有兩宅，外巒同在坎方，有大水沖射。一宅為八運丙山壬向（圖一），一宅為八運壬山丙向（圖二），大家認為哪一宅較佳呢？

圖一：八運丙山壬向正卦向

2 5 七	7 9 三	9 7 五
1 6 六	3 4 八	5 2 一
6 1 二	8 8 四	4 3 九

↑ ↑
水沖

圖二：八運壬山丙向正卦向

5 2 七	9 7 三	7 9 五
6 1 六	4 3 八	2 5 一
1 6 二	8 8 四	3 4 九

↑ ↑
水沖

八運丙山壬向一宅，雙星到向，水裏龍神歸位，前見水沖，是否真的較好呢？實際情況剛好相反。八運丙山壬向之宅，旺財卻不旺丁；相反，八運壬山丙向之宅，雖雙星到坐，卻丁財兩旺，旺財方面甚至比丙山壬向之宅過之而無不及。諸位只要細閱上文及參看本書〈一貴當權〉章，定能洞悉原由所在。

至於第三點，由於三、四、五運向星皆見水但「見水不收」，故不旺財；三運、四運時向星八白見水，其水力大於向星三及向星四方，八在三運、四運時為煞星，向星為一組，其力大則剋洩三碧、四綠。因巽方去水，五運向星五黃又得水，豈有不旺之理？

第四點說明六運入囚。此局到六運時地運完結，故大敗。

孫姓祖墓　癸山丁向　六運扦

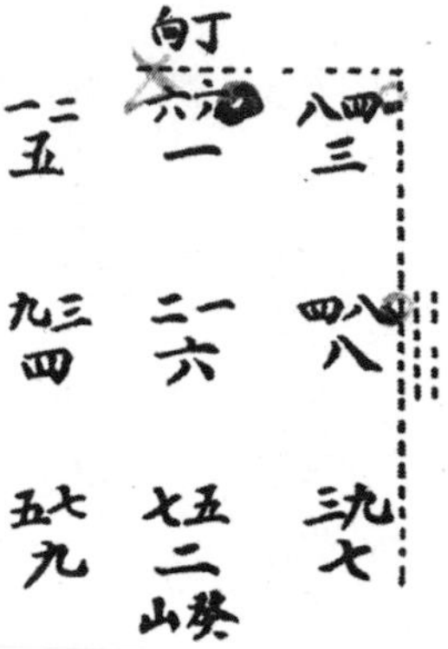

此地午方有壩水瀏從未坤申轉庚酉辛闊大至辛戌方消去

仲山曰葬後財丁大旺惟子孫多頭眩病七運平八運財更旺

沈註葬後旺丁財者因雙六到向向上有逆水故也山之令星到向上為下水然雙六為比和故丁亦旺也子孫多頭眩病者因向上旺星是六六為乾為首壩水瀏動故主頭眩且山上龍神下水亦主外證也坤

沈氏玄空學　卷三　四十五

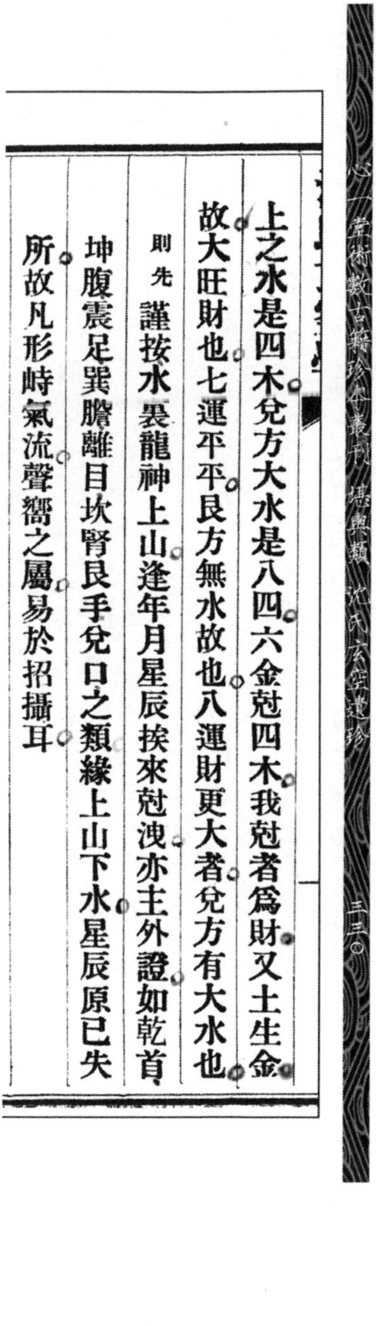

上之水是四木兌方大水是八四六金尅四木我尅者爲財又土生金
故大旺財也七運平平艮方無水故也八運財更大者兌方有大水也
先則謹按水裏龍神上山逢年月星辰挨來尅洩亦主外證如乾首
坤腹震足巽膽離目坎腎艮手兌口之類緣上山下水星辰原已失
所故凡形峙氣流聲嚮之屬易於招攝耳

根據上例，先人墓葬後，後人子孫多得頭眩病。沈公和則先以「山上龍神下水」和「水裏龍神上山」，再配合飛星卦象和巒頭，解釋何以會有此凶象。上例六白到向，向方見壩水響動，由於星辰缺失，凡見「形峙氣流聲嚮」之外巒皆招凶。因此，最好選擇旺山旺向之坐向；在理氣而言，則要選擇水裏龍神下水和山上龍神上山。如反其道而行，即水裏龍神上山或山上龍神下水，星辰便失勢，主凶；如要知悉是甚麼凶事，則要配合外巒和卦象，才能準確知道。

筆者上兩章提到向首向星為盤中「元神」，對整盤星數影響至巨，因此至為重要。向星管財，山星管人丁，坐山山星的力量亦不可忽略，可稱之為「坐山元神」（坊間亦有書籍稱之為「坐山龍神」）。當運向星飛到向首，水裏龍神歸位，主旺財；當運山星飛到坐方，山上龍神歸位，主旺丁。在玄空學而言，無論巒頭還是理氣，皆講求山水相對、陰陽相對。

玄空四大格局：

一、到山到向

二、雙星到向

三、雙星到坐

四、上山下水

從理氣而言，到山到向，水神和龍神皆歸位，主丁、財兩旺。雙星到向僅水神歸位，龍神卻下水，僅主旺財。雙星到坐只有龍神歸位，水神卻上山，主旺丁而已。上山下水則水神和龍神皆不歸位，乃丁財兩敗之局。玄空風水重視巒理相配，要準確論斷吉凶，除了理氣，還要配合巒頭。水神方巒頭見水，主旺財；龍神方巒頭見山，主旺丁。倘巒頭和理氣配合，則吉上加吉；假若僅一方配合，亦不以全吉論。簡言之，如巒頭和理氣力量不相伯仲，又互相配合，則有「一百分」；若然僅一方相合而另一方不然，則只有「五十分」。部分師傅認為，上山下水配合外巒山顛水倒，也是旺丁旺財之局，但筆者認為此說值得商榷。根據上例，則先明言「星辰原已失（星辰，指當運山向二星）」，可以推論，外巒山顛水倒之局，雖未至衰敗，但絕非旺丁旺財之局。各位涉獵群書時，務必多加留意。

再深入研究，如果：

一、理氣到山到向，但外巒山顛水倒不配

二、外巒山顛水倒，但理氣上山下水配

以上兩個情況，前者巒頭虧缺，後者理氣有損，何者較佳？坊間師傅多選後者，因為最終以旺山旺向論，前者則以上山下水論。假若後者並非特別格局（如零正方位），陽宅而言，筆者必定選擇前者。因為元神歸位，整盤飛星數便「生」，適當佈局可以提升宅運；倘元神失位，則整盤飛星數便「死」，宅運便很難提升了。

假若元運失位，但有另一粒元神歸位同宮，則可扭轉乾坤，轉敗為旺。這正是當運雙星到向及雙星到坐之局。如上例六運癸山丁向，乃雙星到向之局，當旺山星六飛到前方見水，屬山上龍神下水之損丁局，但同宮有當旺向星六，向星六乃水裏龍神歸位，加上見水，除旺財外，其力更可助旺同宮山星六，故雖見水，仍不削其丁氣；再者，是局前方見水壩，主丁氣盛，因此葬後財丁大旺。由此可見當旺星之威，實不可與其他星比量齊觀（詳參本書〈一貴當權〉一章）。

雙星到向及雙星到坐之局，既旺丁亦旺財。諸位或許會問，何局稍勝？其實沒有必然的答案。因巒頭變化太大，陽宅而言，外巒因素相若的話，筆者會選雙星到向之局。到山到向之局氣較強，但成效較慢；雙星到向之局其氣速，成效則較快。

山上龍神下水

《沈氏玄空學》卷三·陰宅秘斷·王御史祖墓

王御史祖墓　丁山癸向　七運扦

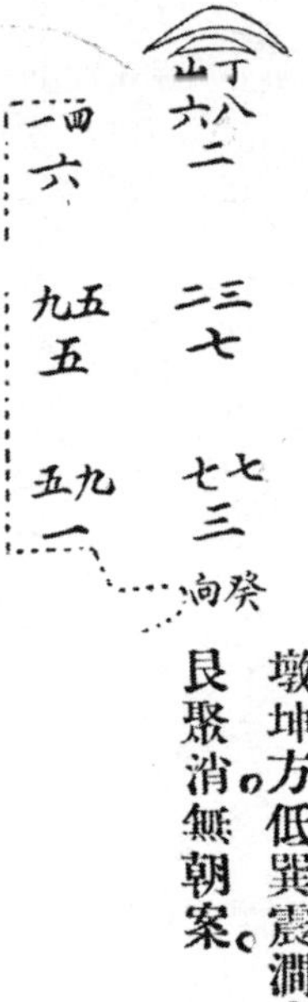

此地離方高山。貼身出脈起墩。坤方低。巽震澗水。流至坎艮聚消。無朝案。

仲山白。此地葬後。有財無貴。得六十年旺氣。出御史。非此地也。

沈註。此局兩盤七到向。財自旺矣。八運本屬不通氣。而山上龍神已下水。故不主凶而反吉。九運艮方有水。仲山故云得六十年旺氣也。不發御史者。因坐後無好峯。朝山無峯。八方又無秀挺之峯。故主富而不貴

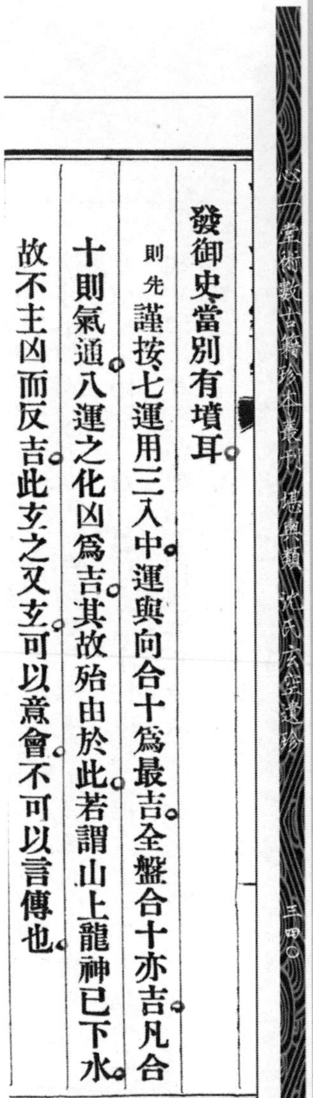

發御史當別有墳耳。

則先謹按七運用三入中運與向合十為最吉。全盤合十亦吉。凡合十則氣通。八運之化凶為吉。其故殆由於此。若謂山上龍神已下水。故不主凶而反吉。此玄之又玄。可以意會。不可以言傳也。

此案例精彩非常，當中涉及不少玄空秘訣。

首先，章公仲山謂此局「得六十年旺氣」，然而，此局乃八運時向星八白上山，何以會旺財呢？再且，此局雙星到向，以坐後向星為入囚運，即八運入囚，那有旺財之理？

筆者不才，冒昧闡釋如下：

● 是局全盤向星與運星合十，合十則氣通，向星一組氣全通，向星八不以上山論，此其一；

- 八運入囚，但向星五黃見水，可化囚，此其二；
- 此局為七星打劫局，要通之宮位亦通，此其三；
- 沈公謂山上龍神巳下水，故不凶反吉，此其四。

對玄空學理稍有涉獵者，必定知悉「山上排龍宜見山，忌見水」之鐵論。可是，此論正正和上述四點相牴觸，難道沈公之論有所舛誤？請放心，沈公所論，乃玄空風水一大秘學——「零正收山出煞論」。「零正」乃玄空學之秘要，「五星城門」、「五鬼運財」、「四大秘局」等，皆用零正之論。沈公在上例洩露了飛星配合零正之秘，以下為大家詳加說明。

現向上排龍、山上排龍、見水、見山、於零神衰方，和正神旺方。在上述條件下，根據零正理論，可得出八組不同的組合：

一、水上排龍見水在衰方
二、水上排龍見山在衰方

三、山上排龍見山在衰方
四、山上排龍見水在衰方
五、水上排龍見水在旺方
六、水上排龍見山在旺方
七、山上排龍見山在旺方
八、山上排龍見水在旺方

第一種情況主發。相信諸位也知道原因，坊間風水書籍也經常提及。若當運樓配合旺山旺向線度，更是「撥水入零堂」之玄空大局；第七種情況主旺，其理論亦明晰，在此不贅。上文提及王御史祖墓的案例，屬於第四種情況，故亦主旺；至於第二種情況主敗，第三種則主衰；第五、六、八種情況，各位可根據理論自行推算，方法和在衰方相若，皆有主發、主敗及主衰。

請謹記，以上旺、發、敗、衰皆建基於零正理論。若非零正方位，便不能據此收山出煞論定吉凶，大家務必注意。

章公指王御史祖墓的案例可財旺六十年，但未有道明原因；此外，沈公亦沒有提及八運入囚化囚，只籠統地以八運零正理論解釋該局「不敗」之因。其弟子則先亦沒有詳細解釋零正理論，僅道出另一合十原理。由此推知，沈公弟子皆熟諳零正收山出煞論，根本不需詳細解釋。很多書籍或師傅認為零正方和旺山向星見山水涇渭分明，必須分別論斷吉凶，其實，旺山向星在零正方見山水，亦可論斷其吉凶，在此和大家分享箇中訣竅：向首在零神方，乃玄空「撥水入零堂」之大格局。零神水力量極大，同是旺山旺向，同是向首見水，若果一在普通方，一在零神方，八運乾山巽向與丑山未向的旺財程度便不可同日而語。

《沈氏玄空學》屢屢提及零正學理，又引用多個宅斷例子供參考，大家可自行細閱，必有啟發。

「若遇正神正位裝，撥水入零堂」，相信各位對此語都耳熟能詳，但原來當中另有文章。筆者借此再和大家分享更多零正之秘。當旺向星見水在零神方，只是普通「撥水入零堂」格局，真正的大格局，乃正神在正位，再撥水到零神方，七運壬山丙向，在坤方見水放光，到八運時，便真真正正成就「正神正位裝，撥水入零堂」之大局。

「前頭走到五里山，遇着賓主相交接」，此二句亦論零正。五里山是零神位（筆者一位摯友在報章撰寫專欄，其專欄正以「五里山」命名，好讓研習玄空之同好望文知義。），句中所指的「賓」是正神，「主」代表零神，「相交接」也就是把水撥入零神位的意思。

九星陰陽五行

九星之陰陽五行，坊間所有術數書籍都這樣釐定：

一白貪狼星為陽五行屬水
二黑巨門星為陰五行屬土
三碧祿存星為陽五行屬木
四綠文曲星為陰五行屬木
五黃廉貞星（可陰可陽）五行屬土
六白武曲星為陽五行屬金
七赤破軍星為陰五行屬金
八白左輔星為陽五行屬土
九紫右弼星為陰五行屬火

其陰陽學理是以洛書元旦盤配後天八卦、人物來釐定的（圖一、圖二、圖三、圖四及圖五）

圖一：洛書

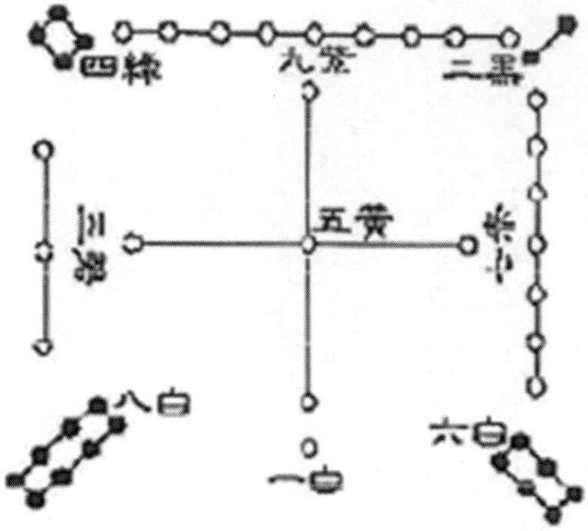

圖二：元旦盤

四	九	二
三	五	七
八	一	六

圖三：後天八卦

圖四：後天八卦配元旦盤

巽 4	離 9	坤 2
震 3	中宮 5	兌 7
艮 8	坎 1	乾 6

圖五：後天八卦配人物

飛星	八卦	人物
一白	坎	中男
二黑	坤	老女人、宅母
三碧	震	長男
四綠	巽	長女
五黃		
六白	乾	老男人、宅主
七赤	兌	少女
八白	艮	少男
九紫	離	中女

以後天卦來分陰陽，則乾坎艮震（六、一、八、三）屬陽，巽離坤兌（四、九、二、七）屬陰。五黃入中為戊己，可陰可陽。可是，在玄空飛星盤上，五黃屬陰還是屬陽呢？

若要調和盤中風水吉凶，大家都知道要運用陰陽五行生尅制化，但怎樣實踐呢？五黃屬土，用金洩其凶性準沒錯，那麼，該用陽金還是陰金呢？根據陰陽五行生尅制化原理，陰陽相生力大，故陽土宜用陰金洩之，陰土則要用陽金洩之。若陽土用陽金，陰土用陰金，則效用不彰。究竟盤中的五黃陰陽，是怎樣運用陰陽五行生尅的呢？

大家可以運用巒頭及盤中星數調和五行，偶爾可用「尅」的方法阻止凶星作惡。例如三碧星作惡，三碧星五行屬木，是陽星，我們可用金尅之。根據陰陽五行生尅制化原理，陽尅陽、陰尅陰力量更大，因此尅制三碧星宜用陽金，不用陰金。可是，九星中只有陽水（一白）及陰火（九紫），根本沒有陰水和陽火。如此一來，九星陰陽五行生尅理論豈非存在缺陷？答案顯然是否定的。

筆者可以斬釘截鐵地告訴大家，九星陰陽五行生尅理論是完美無瑕的。要破解這個矛盾，就要知道玄空學理其中一個秘密：在星盤中的一白和九紫星，原來跟五黃星一樣，是可陰可陽的！得知此訣竅後，以上種種疑惑便豁然開朗了！我涉獵過的術數書籍和文獻，均沒有論及這個問題，是著者知而不言，不願洩漏天機，還是他們對此根本一竅不通，避而不談，就無從稽考了。

坊間提及五行生尅，通常未有配合陰陽去研究，因此，即使用相同的風水物品，有些成效卓著，有些則效用不顯。以下圖示為五行生尅的相互關係（圖六）：

圖六：五行相生相尅圖

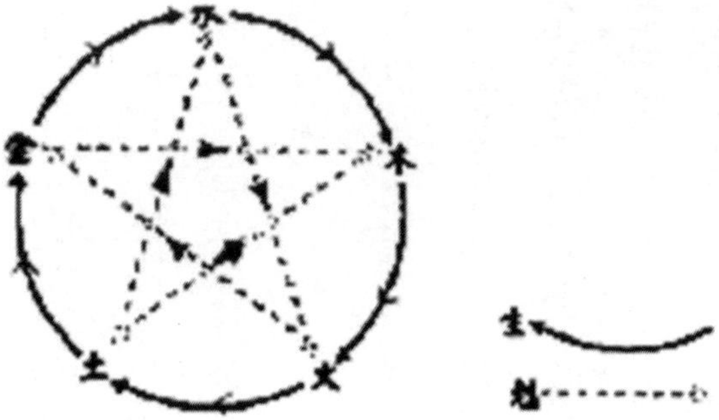

五行相生為：

金生水

水生木

木生火

火生土

土生金

五行相尅為：

金尅木

木尅土

土尅水

水尅火

火尅金

陰陽相生可以是：

陰生陽

陰生陰
陽生陰
陽生陽

陰陽相生力大

陰陽相尅可以是：

陰尅陽
陰尅陰
陽尅陰
陽尅陽

同陰陽相尅力大

完整的陰陽五行相生為：

陽金生陰水
陰水生陽木
陽木生陰火

陰火生陽土
陽土生陰金
陰金生陽水
陽水生陰木
陰木生陽火
陽火生陰土
陰土生陽金

運用陰陽配合五行去調和星盤九星生尅，因為力量大、成效快，故能收立竿見影之效。例如：

圖七：七運坐丑向未

9 5 六	5 9 二	7 7 四
8 6 五	1 4 七	3 2 九
4 1 一	6 8 三	2 3 八

可用六個銅錢化解巽宮向星五黃

圖八：八運坐壬向丙

5 2 七	9 7 三	7 9 五
6 1 六	4 3 八	2 5 一
1 6 二	8 8 四	3 4 九

用六個銅錢化解兌宮向星五黃，力量顯然不足；放七個水晶球，化洩力量反而更大。由於七運坐丑向未盤中的向星五黃屬陰土，六個銅錢屬陽金，因此化洩力大；但八運坐壬向丙盤中向星五黃屬陽土，用陽金（六個銅錢）化洩，效力自然欠佳。而水晶球屬陰金，因此化洩之力尤顯。

我們怎樣得知星盤中五黃的陰陽呢？只要詳參上述兩例，答案昭然若揭：「五黃本無卦，在外是替星。」洞悉星盤中五黃的陰陽，便能根據五黃、一白和九紫的生剋關係，推算一白及九紫的陰陽。以向星為一組，若向星九紫為陽，則向星一白為陰；山向和陰陽相對，如向星九紫為陽，則山星九紫為陰。上例七運坐丑向未盤中，山星九紫屬陰火，而八運坐壬向丙盤中山星一白屬陰水。諸位可按以上所述，舉一反三，自行推算其他星盤。

此外，關於五行陰陽卦象，大家可能對五行土、木和金的認識較深。因為九星內二黑陰土為坤卦、八白陽土為艮卦、四綠陰木為巽卦、三碧陽木為震卦、七赤陰金為兌卦、六白陽金為乾卦。這六粒星有相應的八卦類象參考，因此在佈局時該使用甚麼相應的陰陽五行風水物象，大家也比較容易掌握。可是，由於「火」

只有九紫離卦，「水」則只有一白坎卦，所以較難掌握和其陰陽相應的風水物象。最常見的難題是：甚麼物象屬陽火？甚麼物象屬陰火？甚麼物象屬陽水？甚麼物象屬陰水？以下將為大家一一解答。

陽光、燃燒之物如蠟燭，皆屬陽火；燃於物內之火，如燈，則為陰火。至於「水」則比較複雜。原則上，不曾見陽光的水，即屬陰水；被陽光照射過的水，則屬陽水。若按此原理，所有用於風水擺設的，均屬陽水。坊間有師傅以顏色區分水之陰陽，即白開水為陽水，加了黑醋則為陰水；亦有師傅用酸鹼度來釐定陰陽，鹼水為陰水，添加白醋的則為陽水。更有師傅以雨水為陽水，煮沸的水為陰水。筆者則從理氣方面着手，以二十四山清純宮位為據，若計算出該山屬純陽，置於該山之水即屬陽水；反之，若計算出該山純陰，放於該山的水則屬陰水。當然，在風水學上運用陰陽五行，除上述提及之陰陽五行卦象外，還要配合顏色五行、質地五行和數之五行，方才完備，效用方顯。

一卦三山理論研究

諸位也知道一宮內有山向二星，可是大家有沒有想過，可以挫開山向二星，分別去催旺或化凶呢？舉個例子，八運坐巽向乾下卦，艮宮內有山星四綠木和向星六白金（圖二），根據五行金剋木的理論，一般師父會以水通關，促成金生水、水生木相生之格局。此法雖然增強了文昌星的力量，卻同時削弱了六白金之力，而六白金為官星，會減弱宅內人的官運。由此可見，以水通關並非上策。上佳的做法，當然是扶持四綠文昌星之餘，又可增強六白金星力量。

又，如在巽宮內有山星八白和向星一白，用土去助旺山星八白，則會尅洩一白子女星，導致宅內人健康雖好，但難有子女，更會損害宅內一白命人的健康。此情況亦不宜用水，因為用水會洩山星八白土之力，有損宅內人健康；用金通關亦非上策。若你熟諳玄空風水學，以上難題便可迎刃而解。

「相濟」乃三元玄空之最高境界，意思是分別催旺或減弱山向二星。如此一來，山八和一白皆有裨益，相輔相成，相得益彰。此局看似複雜，然對一位有實力的玄空師傅而言，絕非難事。

圖一：八運坐巽向乾下卦

8　1 七	3　5 三	1　3 五
9　2 六	7　9 八	5　7 一
4　6 二	2　4 四	6　8 九

現兩星相尅，（第一例六四金木相尅，第二例八一土水相尅），坊間一般以凶論，並以通關化解。然而，宮內兩星皆為吉星，通關雖能助旺一星，但同時削弱另一吉星。

一卦內有三山，宮內星曜分佈在三山之內，每一山亦有山向二星存在，大家認為兩者力量相同嗎？筆者一直強調，山向兩星必須以巒頭來定強弱，巒頭見山，山星強而向星弱；巒頭見水，則向星強而山星弱。因此，在三元玄空理論下，增強或減弱山向星力量，亦應以見山、見水為主，物象或五行為輔。

如上例在艮宮山星四綠木和向星六白金，假如外巒丑山、艮山見山，而寅山見水，由於綜合一卦三山以見山為主，故艮宮應作見山論。因此，四綠木強而六白金弱；但如果按三山每一卦山的強弱計算，則丑山及艮山山星四綠木強，而寅山向星六白金強。玄空風水分二十四山來定坐向、起星盤、判山向星強弱和論風水吉凶。而玄空風水秘學「一卦純清」正沿自二十四山學說。能運用「一卦純清」勘測風水者，方算登入玄空風水之堂奧。筆者所見，大部分業者仍被八卦九宮所囿，真正懂得二十四山一卦純清者，屈指可數。

相信各位對一卦三山內山星及向星的強弱已有一定認識。如要加強向星或山星在宮位內的力量，便要在三山中最強的一山下功夫，洩之亦然。此外，宮內山星和向星會產生五行交互作用，遂出現生入、生出、尅入、尅出、比和等現象。宮內各星相交，必然會耗損其力量。但每粒星在交互時損耗了多少力量，卻無法計算。唯一可以肯定的是，宮內星曜在交互時並不會耗盡所有星力，如二黑、六白同宮，即使排除巒頭的影響，單以理氣論二黑土生六白金，也不代表二黑星生旺六白星，此宮亦不會變成六白金；就算巒頭金強土弱，亦不能抹殺二黑星的存在。因此，在同一宮內的山向星，如果兩顆星皆為吉星，可以各自提高其力量，兼收其吉性，效果定必較抹煞吉星的做法佳。同一幢大廈，其相同單位上下層數的星盤數理和外巒基本相同，若其中一個單位有風水佈局，即可取其旺氣；如果上下層單位皆有風水佈局，但你的單位運用二十四山一卦純清局，則可盡取旺氣，佔盡優勢。

細心的讀者或許會問：如在一卦三山內，巒頭見水，後有山，山星向星在三山，力量相若，這個情況下，要怎樣分辨三山的強弱，再據之分別催動山星及向星呢？

上文已講解判定巒頭三山力量大小之法，從理氣方面看，一卦三山內每山力量各異。筆者想跟大家分享其中一派的理論——「放山跟坐向元龍，放水合陰陽」。如上例巽山乾向屬天元龍坐向，推山星在天元龍下功夫，推向星便落在地元龍了。請謹記，除非巒頭在一卦三山內無明顯強弱之分（如同見山水或平洋龍），否則必須先判別巒頭三山的山向強弱，其次才以理氣分辨三山，最後兼看山星及向星。

陽宅方面，要判定巒頭山水強弱，必須結合室內巒頭、近方巒頭及遠方巒頭才能確定。如上例艮宮，倘室內巒頭是房間，近方巒頭是大廈，遠方巒頭則見湖泊，仍以見山論。因此，山星四綠木強，而向星六白星弱，理氣上四綠木被剋，力弱，故風水佈局時，要增強六白官星之氣。可是，若室內巒頭是客飯廳，近方巒頭是公園，遠方巒頭則見山，則以見水論。此情況下，山星四綠木弱，向星六白星強，那麼風水佈局時，便要增強四綠文昌之氣了。

是篇僅以山向兩星生剋關係解釋「一卦純清」及「三山強弱」理論，所論僅皮毛而已。山向兩星由已立極空間之運星入中飛佈出來，只屬「玄空」的「空」（即空間數），還要配合「玄空」的「玄」（即時間數），兩者並重，方能成就上佳之佈局。「時間數」指元旦盤星、運星、天心正運星、流年星、流月星、流日星和流時星。其中流年星力量最大，足以改變宮內山向星之吉凶。但由於流年屬於「玄」（時間數），因此巒頭對其影響不大，流年星可以說是強行入宮與宮內星辰交溝。舉個例子，宮內山向為一六，本為官貴文昌吉組合，但由於流年乃七赤飛到之年，遇「六」成「交劍殺」，和「一」則成「金水多情桃花」組合，是宮於該年便由吉變凶。就上例而言，艮宮山星四綠向星六白，二零一六年流年五黃飛到，看似「凶多吉少」。筆者卻可以扭轉乾坤，以玄空風水佈局催旺四綠木和六白金，同時剋制五黃土之凶，以收化凶催吉之效，以下是箇中秘訣：

筆者居住之宅，乃七運中山寅向，開兌宮門。筆者運用「一卦純清」及「三山強弱」理論，在兌宮三山分別放置五行屬土、屬金的風水物象，再配合動水，分別催旺八白向星、六白山星及化洩流年五黃土星（圖二及圖三）。二零一五年三碧入中，五黃飛到兌宮，執筆時已屆八月分，無論事業運財運皆不俗，較兩年前猶有過之。由此可見，一卦三山論的威力，實在不可小覷。

圖二：七運申山寅向下卦

3 2 六	8 6 二	1 4 四
2 3 五	4 1 七	6 8 九
7 7 一	9 5 三	5 9 八

圖三：2015年流年飛星圖

二	七	九
一	三	五
六	八	四

論五黃

沈竹礽無師自通，憑一己才智破解五黃入中之秘，最終成為一代玄空大師。五黃此星，最為初學三元玄空者所懼，視之為洪水猛獸；反之，資深玄空大師卻對五黃愛不釋手。究其原因，五黃實為飛星盤的樞杻，乃調換星辰，催財化煞之關鍵。《沈氏玄空學》對五黃有以下論述：

凡天盤之五黃，即零神之方位，三元九運中，除中五立極之五運外，計得二十四局，即一運之丙午丁，二運之丑艮寅，三運之庚酉辛，四運之戌乾亥，六運之辰巽巳，七運之甲卯乙，八運之未坤申，九運之壬子癸是也。宗章氏者，輒取此宮之陰字為正向，名五里山，不立兼向，如一運取子山午向，癸山丁向，運盤一入中順行，五到離，午陰也，仍以五入中逆行，旺星一到向，餘運餘向依此類推。

其引寶照經云：「前頭走到五里山，遇着賓主相交接」，此即章氏取五為正向之由來也。試問五運作何用法？夫亦曰，寄艮寄坤之板法而已。其實一運一入中，八國間配合生成，獨缺坎一，故一運以五寄坎，餘運不難類推之。若五運之玄關所在，亦不外山向飛星所缺某字，以寄於五耳。於此可悟，五黃無正位，分寄於二十四山之理矣。

然運盤之五與向之陰陽大有出入，陰向逆行旺星到向，且全盤與地卦合十，雖曰反吟，當令益旺。若陽向順行則旺星上山，且字字與地卦相同，是犯全盤伏吟，山向同例，此不可不察也。惟五運之陰向十二局到山到向，無一非五，此飛星之五，為當令旺星，非他五所堪比擬，向星五黃入中名為皇極居臨正位，至大至尊，有逢囚不囚之功。若飛臨外宮名曰廉貞，不論生剋，到處成凶，故宜靜不宜動，動則招殃。體用合法，飛到三叉猶嫌多事，年神並臨，自慮疾病損人，蓋五為戊己大煞，諺有到處不留情之語，凶可知矣！

凡立出卦向，如向首入中，其飛星輪轉之五黃適臨所兼宮位，例如一白運立坐亥向巳兼壬丙一局（圖一），即運星一入中九到向，九即丁陰逆行，仍九入中，一到向，五黃挨到離位，即可用巳兼丙之向也。然此局山上用替，雖免下水之咎，而天盤二到山，二即申陽也，申以一入中二挨山，夫一乃天心正運之令星，不能到山，而反入中，是謂丁星入囚。且順行，字字與運星相同，亦稱全盤伏吟。故此局不過舉一例以資偶反，識者無取焉。且借助之含義，無非以五黃為寄旺與藉以無囚二者，然出宮不變，卦氣已離，依局立此猶可，若貪助勉立仍所當戒也！坐亥向巳兼壬丙為出卦向，在玄空風水上是大凶之向。可是，此局離宮為五黃排到，可兼用出卦，其他星飛到則不可用。由此可見，五黃為皇極，與其他星曜稍有不同。

圖一：一運坐亥向巳兼壬丙兼卦

9　1 九	5　5 五	7　3 七
8　2 八	1　9 一	3　7 三
4　6 四	6　4 六	2　8 二

五宮廉貞，位鎮中央，威揚八表，其色黃，行屬土，宜靜不宜動，動則終凶；宜補不宜剋，剋之則禍疊；戊己大煞，災害並至，會太歲、歲破，禍患頻仍。故此星值方在平坦之地，門路短散，猶有疾病，臨高峻之處，門路長聚，定主傷人。

值其凶，遭回祿之災，萬室咸燼，遇慍惶之厄，五子云亡，其性最烈，其禍最酷，何其甚也。蓋以土為五行之主，中為建極之基，有天子之尊，司萬物之命，不可輕犯者也，倘有大石尖峰觸其怒，古樹神廟壯其威，如火炎炎不可響邇矣。

五為皇極，皇極居中，順則靜而為伏吟，逆則動而為合十，是河圖實寓洛書之用，總括運數之始終，即飛星入中之所由昉也。

五黃土為戊己大煞，不論生尅俱凶，宜安靜不直動作，年神並臨，即損人丁，輕則災病，重則連喪至五數止，季子昏迷癡獃，孟仲官訟淫亂。

先賢屢屢立說論及五黃與其他星曜相交時的情況。現列舉如下，讓大家對五黃星有更深入的認識：

五一組合

《飛星賦》：「子癸歲，廉貞飛到，陰處生殤。」

秘本：「一加二五，傷及壯丁。」

五二組合

《玄空秘旨》：「庭無耄耋，多因裁破父母爻。」

《紫白訣》：「五主孕婦受災，黃遇黑時出寡婦。」

「二五交加，罹死亡並生疾病。」

「二主宅母多病，黑逢黃至出鰥夫。」

《飛星賦》：「黑黃兮，釀疾堪傷。」

「二黑五黃兮，釀疾堪傷。」

秘本：「黃黑交錯，家長有凶。」

「二五交加必損主。」

五三組合

《飛星賦》：「寒戶遭瘟，緣自三廉夾綠。」

：「碧綠風魔，他處廉貞莫見。」

《玄空秘旨》：「我克彼而反遭其辱，因財帛以喪身。」

五四組合

《飛星賦》：「寒戶遭瘟，緣自三廉夾綠。」

「乳癰兮，四五。」

「碧綠風魔，他處廉貞莫見。」

秘本：「二妨三，而五妨四，搏弈好飲，田園廢盡。」

《玄空秘旨》：「我克彼而反遭其辱，因財帛以喪身。」

五五組合

《紫白訣》：「運如已退，廉貞飛處不一，總以避之良。」

「正煞為五黃，不拘臨方到間人，人口常損。」

「五主孕婦受災。」

五六組合

《玄空秘旨》：「富並陶朱，斷是堅金遇土。」

「庭無耄耋，多因裁破父母爻。」

《飛星賦》：「須識幹爻門向，長子癡迷。」

五七組合

《飛星賦》：「紫、黃毒藥，鄰宮兌口休嘗。」

「青樓染疾，只因七弼同黃。」

「酉辛年，戊己吊來。喉間有疾。」

《玄機賦》：「兌不利歟，唇亡齒寒。」

五八組合

《玄空秘旨》：「家有少亡，只為沖殘子息卦。」

「艮傷殘而筋枯臂折。」

《玄機賦》：「艮非宜也，筋傷骨折。」

五九組合

《玄空秘旨》：「我生之而反被其災，為難產以致死。」

「丙臨文曲，丁近傷官，人財因之耗乏。」

「值廉貞而頓見火災。」

「火見土而生愚鈍頑夫。」

《飛星賦》：「青樓染疾，只因七弼同黃。」

「火暗而神智難清。」

三四五相會

《飛星賦》：「碧綠風魔、他處廉貞莫見。」
「寒戶遭瘟、緣自三廉夾綠。」

五七九相會

《飛星賦》：「紫黃毒藥、鄰宮兌口莫嘗、青樓染疾只因七弼同黃。」

讀者可有發覺，先賢筆下的五黃組合，斷事皆凶。怪不得初習玄空風水者，皆視五黃為洪水猛獸。以下乃五黃在飛星盤的情況：

元旦盤中宮五黃
起盤元運之運星五黃
當運天心星五黃
山星五黃

向星五黃
流年星五黃
流月星五黃
流日星五黃
流時星五黃

沈公第三代弟子申聽禪對「五黃」則有以下看法：（詳參其著作《玄空捷訣》）：

「五黃最為大煞，運尚無妨，山向飛星逢之，切宜留意，年白加臨，更當小心，書云：五黃到處不留情，犯者喪丁敗絕，無可救藥，兹述其作法如下。運盤五黃所到，忌高宜平，莫妙卸水。譬如一運，運盤五黃到離，如用午丁向，則向前案砂，不宜過近，尤不宜高，高亦須平正，近亦須隔河水或低田，則無妨矣。如用高墩作案，宜去半里之外，若用高山作案，宜去三里之外，總之山愈高，則距宜愈遠，且宜隔河為貴。若山向飛星挨到五黃之處，則更宜取水解，例如一運午丁之向盤，五入中，山盤五到巽與向盤六白同位，其水宜收抱靜圓，餘類推。凡五黃在左在右，平砂無坊，有水尤佳。五黃到山，則皆宜坐水，若坐山有高峯，則宜作圍城，使圍城高而坟頭低，則不受坐山之高壓矣。用事流年，歲月煞歲破外，五黃加臨坐山向首（即年白加臨），俱不宜動，若已經用事，而他年五黃飛到者，是年亦不宜修築，犯者禍立至。」

元旦盤五黃居中臨制八方，此五黃在星盤中不論吉凶。

起盤元運之運星五黃，在當運時為零神方，見水主吉；若向零神方同時旺山旺向，乃玄空「撥水入零堂」之大局。然而，在非當運時五黃會被新天心星取代，對星盤影響極微。若當運天心星五黃在零神方，則此方見水為零水，主財。山星五黃及向星五必須配合巒頭來判斷其吉凶及強弱，而外宮五黃乃中宮的替身，現舉八運坐巽向乾為例（圖二），加以說明：

圖二：八運坐巽向乾下卦

8 1 七	3 5 三	1 3 五
9 2 六	7 9 八	5 7 一
4 6 二	2 4 四	6 8 九

離宮向星五黃是中宮九紫外宮的替身，故有九紫的星情；兌宮山星五黃是中宮七赤外宮的替身，因此有七赤的星情。「化囚」正正建基於此理論。由於五黃山向二星是易化的樞紐和關鍵，五黃與山向星辰又關係密切，因此，玄空師對山星及向星五黃情有所鍾。五黃至大至尊，非其他星曜所能媲美。「尊」，指其氣，即其能量之大。很多玄空秘訣如「五鬼運財」、「五鬼城門」等，正正運用天心、山星及向星五黃。向星五黃飛到向首，章仲山稱之為「五里山」，乃玄空秘中之秘。再者，流年之力最大，流月之力稍弱，流日、流時的影響力可謂微乎其微。因此，僅流年星五黃才以凶論，其他的皆微不足道，影響甚尠。

要判斷玄空山向九星的吉凶強弱，必須計算時間及空間。每星曜的星情各異，得運時，星曜會顯現吉的星情；反之，失運時，星曜便會顯現凶情。五黃運時，五黃為當運星，故吉；同理，現為八運，八白為吉，但到三運時失運，其凶性便顯現。至於山向星的強弱，如筆者所言，必須觀察巒頭才可判定。如巒頭為水，則向星強而山星弱；反之，巒頭為山，則山星強而向星弱。若山星五黃到宮，但該宮見靜水，五黃無力，凶性不顯，大家認為需要化解嗎？大家請謹記此理：盤中山向星之催旺化煞，實以巒頭為先，五行為次。增強向星用「動、低、虛」，增強山星則用「高、實、靜」。部分風水師在陽宅佈局時，見山星或向星五黃到宮，便以金洩之，然此舉在玄空學而言，稍欠妥當。若一宮內山、水並見，山、向星皆強，而且凶強吉弱，在此情況下，才需要用五行去化解。

流星乃「時間」系統，其強弱並不受山水巒理等「空間」所影響，其吉凶只會隨時間推移逐漸顯現。流星五黃其實亦敵亦友，剛才提及五黃至「大」至「尊」，是一股非常大的「力量」。由此可見，五黃既代表「凶」，也代表「力量」。而玄空學理中有「借其力」和「削其凶」之法：如二零一五年流年五黃年到兌，若門宅開在兌宮，當以凶論，可是在某些情況下可在該處置動水，利用五黃之力催財（詳參本書〈一卦三山理論研究〉章）。

倘遇流年五黃，應怎樣化解呢？台灣鐘義明大師有以下制化之法：

一、用大銅鈴一個，小銅鈴六個，繫於五黃飛臨之方。

二、於八白方動作，以八白土，抵消五黃土。

三、敲鐘磬、誦《金剛經》，以金之聲洩五黃土之狠毒。

坊間師父多以金洩流年五黃之凶，如用銅鑼、銅鐘、六銅錢、銅葫蘆、銅麒麟、銅風鈴等。可是，此舉有機會令五黃更強更凶。玄空學主張制化五黃，必須根據不同情況，對症下藥，方見顯效：

安（制）五黃法——年五黃受攻擊（用土）

化五黃法——五黃見障污之氣（用金）

鎮五黃法——年五黃與山星或向星五黃同到一宮見動（用木和金）

五黃為戊己土，出宮後可陰可陽，要有效制化五黃，必須配合陰陽，效力始彰。如二零一五年流年五黃屬陽土，用陽金如六銅錢等洩其凶，其力不顯，必須用陰金方見顯效。諸位欲了解「九星陰陽」，請詳參本書〈九星陰陽五行〉一章。

玄空四大格局

研習三元玄空飛星者，皆知悉九運中下卦飛星盤共有二百一十六個（兼線用星而不用卦屬另一飛星範疇，此章不贅）。大家或許會有以下疑問：天元龍、人元龍坐向飛星盤相同，按此計算，不是只有一百四十四個飛星盤嗎？誠然，兩個星盤的數字相同，但盤理各異，因此所收的氣亦不同。天元龍是父母卦，人元龍是子息卦，其力迥然不同。楊公《天玉經》提及「子午卯酉四龍岡，作祖人財旺」，此二句正是一例。《天玉經》乃理氣專著，乃三元玄空理氣的經典著作，字字珠機，乃鑽研玄空理氣必讀之書。

下卦二百一十六個飛星盤中，可分為四種格局：

一、旺山旺向（或稱到山到向）：當旺向星排到向首，而當旺山星排到坐山

二、雙星到向：當旺向星排到向首，當旺山星亦排到向首

三、雙星到坐（或稱雙星到山）：當旺向星排到坐山，當旺山星亦排到

坐山

四、上山下水：當旺向星排到坐山，而當旺山星排到向首

受飛星軌跡影響，當旺向星不是排到向首就是坐山；當旺山星亦然，不是排到向首，就是坐山。這是當旺向星和當旺山星位置的組合，若以理氣層面而言，當旺向星排到向首，等同歸其本位，主吉；向星管財，當以旺財論；同理，當旺山星排到坐山，如同歸其本位，亦主吉；山星管人丁，當以旺丁論；若星曜不歸位，皆以凶論。向首向星為「元神」，《沈氏玄空學》提到「災福之柄操於向首一星」，故當旺向星的力量比當旺山星又勝一籌。若單以理氣論四大坐向格局，則可以說：

旺山旺向——財丁皆旺

雙星到向——丁虛財順

雙星到坐——財丁皆虛

上山下水——丁財兩敗

玄空風水講求巒理相配。當旺向星見水，主旺財；當旺山星見山，則主旺人丁。因此，如配合巒頭論之，吉凶便有所不同。《沈氏玄空學》屢屢提及四大格局必

須配合巒頭的斷語：

旺山旺向者，二八運為乾巽、巳亥、丑未，三七運為卯酉、乙辛、辰戌，四六運為艮坤、寅申、甲庚，五運為子午、卯酉、乙辛、丁癸、辰戌、丑未。以上四十八局，凡在二十年旺運中，洵可用事，一出運即不宜妄動矣。

若山上令星到向，為下水，主喪丁；向上令星到山，為上山，主破財。

今山上飛星犯下水，故不旺，上山而穴後有水，下水而向上有山即不忌。此即挨星秘中之秘。

山上龍神，到山則吉，下水則凶。水裏龍神，到水則吉，上山則凶。到山到水，下水上山，其玄關坐在陰陽相見。

到山到向與上山下水，其間不容以髮，往往失之毫釐，謬以千里。

總之挨得生旺之龍神，謂之到山到向，挨得死衰之龍神，謂之上山下水，上山下水有時亦可葬，總須下水對面有山，上山坐後有水，然終不及到山到向之為生旺也。

立向最忌上山下水，乃往往犯此亦發者，其地必龍真穴的，又得向首與入中之卦合十，併有一二節連珠吉水可通相照，故發耳。然福來不全，禍來甚速，豈能如旺龍旺向之悠久不替乎？

青囊序曰：「山上龍神不下水，水裏龍神不上山。」此語乃吉凶之樞紐，禍福之關鍵，為玄空理氣中扼要法門。山主人丁，水主財源，龍神得失所關至鉅，偶或顛倒則損丁破財，為禍百端，故山上排龍切忌下水，必置旺星於高山實地。水裏排龍並忌上山，亦須挨旺星於池蕩河流或低窪之處，此山向飛星安排之要訣，不容倒置者也。

《沈氏玄空學・卷五・玄空輯要》〈上山下水須以局斷〉章亦論及巒理兩者關係，研精闡微，現節錄如下：

「水裏排龍旺星挨在低窪，主旺財源。若反躍高處，謂之水裏排龍上山，則不僅破財，亦且傷丁，陰卦傷女丁，陽卦損男丁，不必高大星辰，即三尺墩阜，亦能發禍。但上山之後，而更有吉水挨到，其凶略減。大都水之旺星以到向為吉，然向上卻逢牆垣高阜，形與氣背，仍犯上山。若飛臨坐後，固名上山，然坐後有水可收，亦能致福。水後若更有山，則合雙星會合於坐山之局，堪輿家亦嘗取之。山上排龍旺星挨在高處，主旺丁氣。若反落低窪，謂之山上龍神下水，便致傷丁。緣山之旺星以臨坐為吉，但坐後卻逢池蕩河流，局非所用，亦犯下水。若反植向首，原稱下水，但苟與向上旺星同臨，又得水外有山之局，亦能添丁，惟不甚旺。是名雙星合會於向首，頗為堪輿家所重視。

綜上以論到山到向之局，必須配背山面水之地為合法，厥理甚明。上山下水倘配於坐空朝滿之局，龍真穴的亦能發福，因上山而仍遇水，下水而又逢山故也，然巧奪天工究不及旺星到山到向之悠遠弗替耳。即雙星會合於坐山，亦不逮會合於向首者，何也？蓋向首一星納衰旺之氣，司災福之柄，非山上飛星所可同日語也。故或以謂下水猶可，上山則斷斷不可，此豈於山向兩星好為軒輊，蓋以向首乘天陽之氣，朱雀發源司權特大故耳！」

是章解釋精辟非常，旺山旺向配巒頭前見水、後見山為上吉；雙星到向或到坐之局若山水並見，亦主吉；到向之格局較佳，因向首司災福之力較大。上山下水配坐空朝滿之局，因當令山向星不歸位，稍有瑕疵，尚算合格。以上乃三元玄空之「入門功架」，深入鑽研後，會發現雙星到向之局，當令反而更旺，此情況於陽宅尤顯。

八運時兩所住宅，一所坐子向午雙星到向，門開離宮（圖一）；另一所坐乾向巽旺山旺向，門開巽宮（圖二），兩宅皆開旺向星八白門。大家會選哪一宅安居樂業呢？筆者必定選擇前者，因為前者比後者「旺」得多。《沈氏玄空學》宅斷很多旺丁旺財之墓宅，皆雙星到向，有的更獨見水亦丁財兩旺（本書舉了數例探討此論）。再者，各位耳熟能詳的風水大局如「七星打劫」，「真正四大秘局」等，皆雙星到向。因此，研究三元玄空漸臻佳境者，始得知雙星到向，乃力量極大之吉局。

圖一：八運坐子向午下卦，離宮開門

3　4 七	8　8 三	1　6 五
2　5 六	4　3 八	6　1 一
7　9 二	9　7 四	5　2 九

圖二：八運坐乾向巽下卦，巽宮開門

1　8 七	5　3 三	3　1 五
2　9 六	9　7 八	7　5 一
6　4 二	4　2 四	8　6 九

筆者拙作《玄空風水心得·父母三般卦之秘》章曾論及巒頭前見水，後見山，立上山下水比旺山旺向更佳，乃財丁俱貴，大旺之局。然而，此局有條件限制，並非所有元運、任何上山下水山向局都比旺山旺向局佳。知悉此妙訣者，想必已登入三元玄空學之堂奧。諸位可曾想像，臻至三元玄空最高境界，會是何等眼界？原來是「大同」之觀：所有坐向局皆旺！大部分研習三元玄空者僅著眼一個坐向、眼中只有一個飛星盤；但在一位「功力深厚」的三元玄空師眼中，一個坐向絕非僅有一個星盤。蔣大鴻在《地理辨正》已提出「一卦有兩卦之用」、「一卦有三卦之用」，「卦」即星盤，蔣氏所言「兩卦」、「三卦」之星盤，並非無中生有，只要立極和坐向皆備，即生「兩卦」、「三卦」，只是其力不顯。而通過佈局，不但能顯現其力量，更可使它比原來的星盤力量更大。在特定條件下，甚至能把星盤斗轉星移，把某星曜移到某宮（如把旺向星推到門之宮位，以收旺氣）。若我們深入了解飛星的原理、星曜的特性、坐向線的能量和五黃寄宮的用處，便能有限度地施展「斗轉星移」之秘技了。不同資歷的玄空風水師，對玄空四大格局的力量，各有不同看法：

玄空四大局力量排位	初級	中級	高級	專業
旺山旺向	一	二	二	一
雙星到向	二	一	三	一
雙星到坐	三	三	四	一
上山下水	四	四	一	一

最後，以玄空大師蔣大鴻的名言作結：「最難識得者是天心，然天心在我掌中，我欲如何天心便如何，此所謂人力勝天也。」在蔣大鴻眼中，任何星盤都旺，這正是三元玄空的真義。

九運立向

還有不到十年便進入九運（二零二四至二零四三），九運非常特別，因為正向既無旺山旺向之盤，兼盤亦無。觀古今玄空書籍，皆無詳細討論九運立向之要者，可供研究的案例亦鮮。《沈氏玄空學》「宅斷」一卷僅有兩例，其中一例是九運丁山癸向的許姓祖墓（圖一）。該墓雙星到向，向前有大湖，但向上見湖水，主煞，變成丁財俱敗之局。由此可見，「九運」和其他各運「雙星到向見水主丁財兩旺」的理論迥異。亦由於九運星盤的看法和斷法和其他各運迥然不同，諸位切勿把其他各運的風水理論，悉數套用於九運之上。

圖一：許姓祖墓飛星圖

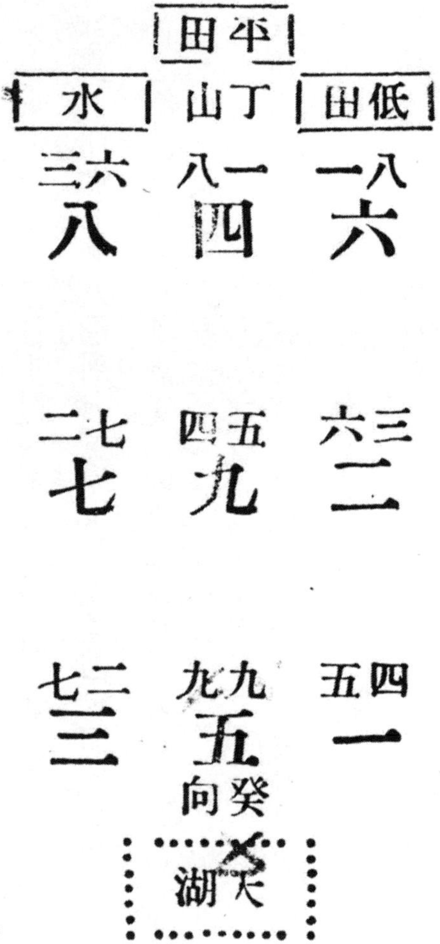

仲山曰：「敗丁敗財因向上湖水受煞也。」

沈註：「此局旺星到向，乃云敗丁、敗財者，何也？蓋九運最難取裁，向上無水，固屬不美，向水太旺，火光越盛，亦不宜。」

而王則先有以下按語：「一九兩運，無到山到向之局，立向較難，然坎一居上元之首，統領諸卦，臨方到向，罄無不宜。而離九處下元之末，本元之氣不復可通，一六八三吉中，僅取貪狼一吉，餘均衰死，加以火性燥烈，形氣之饒減制化，往往顧此失彼，故立向以九運為最難。是墓雙星聚向，面臨大湖，火過旺矣！龍神下水，水外無山，丁不保矣！」

則先的註解頗為清晰，九運時，九為當旺之星，見水會加強水星之力（當旺星曜以見山水定強弱，五行生尅的影響力較輕，故向九見水不作水尅火論）。現雙九到向首，可說是雙火星到向，見水作火性因動而熾烈凶論。

近代名師談養吾亦於其著作《談氏三元地理大玄空路透》提及九運之特性：

「離卦位居正南，數屬九，星屬九紫、右弼，五行屬火，轄下元甲辰、甲寅二十年，為之九紫運；以一白為零神，又以一白為生氣；本運為三元九運終結之末運，用神最宜注意，若以一白為零神而不挽救，則出運即絕，非其他諸運之比。以九一二、九八七為三般卦之用神；其當令時，喜氣連添，主出輔任之士。其失時也，女丁欠寧，目疾心痛交作。當其主宰之秋，小有紛擾，忠孝並見，文風亦盛。」

談氏認為，由於九運是代表終結的「末運」，因此不可和其他諸運相提並論，務必小心運用。

台灣玄空大師鐘義明先生對九運則有以下看法：

「前一個九運（一八四四至一八六四）去筆者之生，已八十五年至一零五年，往跡杳冥，多已難考；下一個九運（二零二四至二零四三），筆者已七十六歲至九十五歲，後事難料，恐亦無稽。一至九運一百八十年，筆者所能穿梭時空，詳細考驗記錄的，大抵只有筆者降生前後百年間的事蹟，其餘闕如的部分，但願我的後代、門人，以及研習我的系列著作而有心得的讀者們，努力來完成。」

「甚盼後之賢者，在九運時留意考驗、研究、為後世流傳九運正確的玄空作法。」

鐘大師此說誠然。由於資料匱乏，亦未有先賢津逮可循，因此鐘大師寧闕疑不述，也不妄下論斷，以免惑亂後學。鐘大師立言之嚴謹認真，可見一斑。坊間風水書籍五花八門，抄襲剽竊或妄加臆斷者為數不少，大家參考時宜審慎，切勿盡信。

有關「許姓祖墓」一例，《沈氏玄空學》亦有提及九運取用之法：

「大抵山上一盤，取二黑八白龍入首。向上之水，取田源、渠溝、或狹河、小港亦可。一白方不通氣，固屬不可，一白方水大，亦嫌水尅火，總之，不宜見大水為是耳。」

沈氏之說，有一定的參考價值，但筆者總覺得過於保守。鐘大師提到：「世人皆以山管人丁貴賤，水管財富，故山莫不取高聳雄壯，水莫不取明顯浩大，以冀大富大貴。殊不知在九運物極必反，求福反招禍患矣！」是否真如各先賢所說，九運乃三元九運之末，必無大發財丁之局？必定要休養生息？

《沈氏玄空學》論「向水」一章提及九運立向之道：「凡一九兩運，立向最難，更無可兼，一白運午子勉強可用，九紫運惟正庚向為上吉，蓋九紫是下元之末，地元之底，如其兼錯未免雜亂反衰，而正庚向者，以九紫之下有二黑，火見土也。能得向上乾方有水是一白水，不但有制，又通上元之生氣故吉。」（圖二）

圖二：九運坐甲向庚下卦

6 3 八	2 7 四	4 5 六
5 4 七	7 2 九	9 9 二
1 8 三	3 6 五	8 1 一

沈公提出九運最好立正庚向。因為庚向兌宮運星乃二黑土，可洩九紫之火氣；此外，宜在乾方向星一白見水，補向九星不見水之不足。

沈公第三代弟子申聽禪，在其著作《玄空捷訣》亦提及九運立向之法。此書雖非九運立向之專著，但亦具參考價值：

「各運皆有當旺之山向，而一、九兩運獨無，各字皆有當旺之元運，而壬丙兩字獨缺，未免缺憾。補救之法有三，一曰挨星合十法也，一、九兩運中，有乾巽巳亥四向可用。二曰北斗打劫法也，一運有午丁戌甲四向，九運有卯乾亥乙四向可用，又二、四、七運丙向，一、三、六、八運壬向，糸均有打劫可取。（但三、六、八運壬向打劫係坎宮相合假打劫）三曰城門訣也，丙向二、八運在在未，三、六運在辰，五、七、九運在未辰，均可用，壬向一、三、五運在丑戌，二、八運在丑亦吉。（但一、九運壬丙向犯反伏吟，多不用。）」

綜合玄空學諸部傳世典籍，皆言九運立向極難。正向皆雙九同宮，火氣過於熾熱，見動即凶。九運為三元九運之末，本元之氣不可復通，因此不可與一至八運同日而語。舉個簡單例子：八運時，因為當旺山星向星同宮可互補，故八八到門主丁財兩旺；然而，九運時此論並不適用，切記勿取九九到門之宅。現在距九運還有八年，筆者希望屆時能利用更多真實案例，整理一套完備的九運立向理論，以餉讀者。

二零一六年流年飛星佈局（不配合原局飛星）

「玄空」者，「玄」為時間，「空」為空間，「空」是玄空之本。因此，僅著眼空（空間）而無視玄（時間），定必影響勘察風水的準確度。

山向飛星為空（空間），運星為玄（時間）（因為山向飛星是由坐山向首運星入中飛佈形成，因此起運時的運星，皆有時間及空間），現行天心正運，年飛星、月飛星、日飛星、時飛星皆為玄（時間），由此可見，流年飛星只代表「玄空」中「時間」的部份。然而，流年飛星的力量非常大，除本身吉凶外，還可影響原局山向星該年的力量。不管看陰宅或陽宅，不論運用那一派的風水學說，勘察時亦必須配合流年飛星及某些重要神煞，才能得出準確的結果。

一般來說，「空」（山向飛星）最受巒頭影響，如外巒見水，則向星力大而山星力小；反之，如外巒見山，則山星力大而向星力小。「玄」（時間）受巒頭影響則較小，所以，外巒見山或見水，對流年星的影響不大。可見勘察流年飛星不應按山水論，而是要觀察其強行入宮如何影響各方。

太歲及歲破方會成為能量的集結或擴散點，可增強該空間或物品的能量。其吉凶則要視乎原局星盤及流年飛星來決定。

力士為四隅之凶神，亦有擴大能量的特點。如果遇到凶的神煞及五黃，殺傷力極大

三煞及夾煞是否成災，則要看原局星盤及流年飛星加臨，才能定斷。

圖一：元旦盤（恆久）

四	九	二
三	五	七
八	一	六

圖二：八運天心（2004-2023）

七	三	五
六	八	一
二	四	九

圖三：2016丙申年

一	六	八
九	二	四
五	七	三

二零一六丙申年重要神煞方：

太歲：申（西南方）
歲破：寅（東北方）
力士：戌乾亥（西北方）
三煞：巳午未（南方）
夾煞：丙丁（南方）
五黃：丑艮寅（東北方）

流年紫白九星星情

一白貪狼星五行屬水【桃花／官星／文昌】
二黑巨門星五行屬土【病符】
三碧祿存星五行屬木【是非】

四綠文曲星五行屬木【桃花/文昌】
五黃廉貞星五行屬土【災星】
六白武曲星五行屬金【官星/驛馬】
七赤破軍星五行屬金【賊星】
八白左輔星五行屬土【財星】
九紫右弼星五行屬火【桃花/喜慶/偏財】

流年飛星佈局

坤（西南方）：流年飛星八白飛到，八白為旺星，在土宮，力量更為強大。宜放流水裝置來催旺流年八白財星去提高宅運。

離（南方）：流年飛星六白到，但被木火所剋洩，力量稍遜，宜用金去催旺官星六白。最宜放銅馬一隻，再加碎石以增強官星力量。但如底盤見六白或七赤，則宜改放靜水。此方亦是三煞位，忌見動象。

巽（東南方）：流年飛星一白到宮，一白為三吉星之一，也是未來進氣星，可取而用之。放一圓形水缸可催丁及桃花，若加水種植物則可增文昌之氣。

震（東方）：流年飛星九星飛到，九星為吉曜，亦是偏財星，假若想增加桃花運或催喜慶之事，可置長明燈。如要偏財運，則放動水。

艮（東北方）：流年飛星五黃到。五黃為大凶星，又回到土宮，煞氣極為強大，今年五黃為陰土，宜用陽金去化解，其力才顯，此方宜掛一大銅鑼。

坎（北方）：流年飛星七赤降臨，七赤為破軍凶星，需要用水來洩七赤的凶性。可置靜水一瓶，內放一個白玉扣即可。

乾（西北）：為流年三碧星飛臨，三碧為是非凶星，但在金鄉及遇九紫來洩，其凶性被減弱，可置長明燈再進一步化解。

兌（西方）：流年飛星四綠到宮。四綠為文昌，可置水種觀音竹四支，以生旺其吉性。

中宮（中間）：流年飛星二黑入中，二黑為病符，需要化解。可掛放兩隻真木葫蘆化病。如宅內人身體一向欠佳或者是長期病患者，則要多掛四大九小銅錢在葫蘆上，以加強化病的力量。

註：以上佈局雖然單以「玄」（時間）來論，但流年紫白飛星力量強大，尤以二黑及五黃為甚，必先化解為要。其他各宮，應先理解全盤飛星組合，再配合山向星內外巒頭，才能論定其吉凶及力量。其次再看流年飛星及神煞加臨，再結合原運星、天心、元旦盤之五行生尅綜合判斷，方能準確知道如何「落藥」及準確計算其「份量」。生、旺、制、化，全賴物象之陰陽五行卦象、性質、顏色及數量互相配合運用。最後，擺放流年風水物象，以放置在陽基最盡處及中間高度為宜。

後記

上一部著作出版後，出乎意料，反應甚佳，不到半年便加印「增訂版」，謹此誠謝各方同好的支持。諸位的肯定也成為筆者再次執筆的動力。此書會更深入探討玄空學，某些學理甚至乃業內秘密，僅傳授入室弟子。誠然，玄空學中可以發表的學理，筆者已悉數向大家披露。然而，門規所限，部分學理（如山星入囚、中宮之秘、四大秘局、移步換影、丑未換局、五星城門、五鬼運財、卦中之極、玄空命卦術等）唯有暫隱其辭，待時機恰當，再公諸同好。

此書得賢內助及小女匡助，另摯友林國誠師兄提供寶貴資料協助，又文字修飾工作則由「必必」小姐任勞，謹此一併申謝。

李泗達

乙未年孟秋

中華非物質文化遺產研究會
心一堂文化中心
聯合主辦

易學・術數・養生・太極拳 課程

六爻入門・深造・《增刪卜易》理論研討
導師：李凡丁先生（《全本校註增刪卜易》作者）

玄空風水入門・中級・高級・精研・深造班
導師：李泗達先生（《玄空風水心得》作者）

巒頭風水入門・深造
心一堂資深導師

易學入門　紫微斗數入門　紫微斗數深造
導師：潘國森先生（《斗數詳批蔣介石》作者）

太極拳的秘密・內功、行功與揉手

『太極拳』是優秀的中華非物質文化遺產，內容包括武學與養生，博大精深。然而，一般以為緩慢地模仿太極拳套路外形動作便是太極拳，其實是誤解。所謂『練拳不練功，到老一場空』，太極拳其實有內練的功法。可惜過去多是秘傳，知者甚少。根據楊氏太極拳宗師楊建侯宗師的再傳弟子汪永泉先生傳承的講法『內功太極拳（老六路）』，其獨特之處，不僅在招式，當中有動有靜，著重內功。根據行者的年齡、身體情況、練習招或術、養生或技擊等，姿勢可以大或小，高或低、快或慢……太極拳本無特定之招式，為教學之故，非不得已通過招式、套路、推手（揉手）、器械等去掌握內功與外形的配合、陰陽動靜等。』（按：見〈太極拳的七個台階〉，《汪永泉傳楊氏太極拳功札記（附珍影集）》心一堂有限公司出版。）

導師：汪永泉傳楊氏太極拳研究會資深導師

詳情、查詢、報名：心一堂
電話：（八五二）六七一五〇八四〇
地址：香港九龍尖沙咀東好時中心LG61室
電郵：sunyatabook@gmail.com
網址：http://institute.sunyata.cc
Facebook: www.facebook.com/sunyatabook

占筮類			
1	擲地金聲搜精秘訣	心一堂編	沈氏研易樓藏稀見易占秘鈔本
2	卜易拆字秘傳百日通	心一堂編	
3	易占陽宅六十四卦秘斷	心一堂編	火珠林占陽宅風水秘鈔本
星命類			
4	斗數宣微	【民國】王裁珊	民初最重要斗數著述之一；未刪改本
5	斗數觀測錄	【民國】王裁珊	失傳民初斗數重要著作
6	《地星會源》《斗數綱要》合刊	心一堂編	失傳的第三種飛星斗數
7	《斗數秘鈔》《紫微斗數之捷徑》合刊	心一堂編	珍稀「紫微斗數」舊鈔秘本
8	斗數演例	心一堂編	
9	紫微斗數全書（清初刻原本）	題【宋】陳希夷	斗數全書本來面目；有別於錯誤極多的坊本
10–12	鐵板神數（清刻足本）——附秘鈔密碼表	題【宋】邵雍	無錯漏原版秘鈔密碼表　首次公開！
13–15	蠢子數纏度	題【宋】邵雍	蠢子數連密碼表打破數百年秘傳　首次公開！
16–19	皇極數	題【宋】邵雍	清鈔孤本附起例及完整密碼表研究神數必讀！
20–21	邵夫子先天神數	題【宋】邵雍	附手鈔密碼表研究神數必讀！
22	八刻分經定數（密碼表）	題【宋】邵雍	皇極數另一版本；附手鈔密碼表
23	新命理探原	【民國】袁樹珊	子平命理必讀教科書！
24–25	袁氏命譜	【民國】袁樹珊	
26	韋氏命學講義	【民國】韋千里	民初二大命理家南袁北韋
27	千里命稿	【民國】韋千里	北韋之命理經典
28	精選命理約言	【民國】韋千里	
29	滴天髓闡微——附李雨田命理初學捷徑	【民國】袁樹珊、李雨田	命理經典未刪改足本
30	段氏白話命學綱要	【民國】段方	民初命理經典最淺白易懂
31	命理用神精華	【民國】王心田	學命理者之寶鏡

32	命學探驪集	【民國】張巢雲	發前人所未發 稀見民初子平命理著作
33	澹園命談	【民國】高澹園	
34	算命一讀通——鴻福齊天	【民國】不空居士、覺先居士合纂	
35	子平玄理	【民國】施惕君	
36	星命風水秘傳百日通	心一堂編	
37	命理大四字金前定	題【晉】鬼谷子王詡	源自元代算命術
38	命理斷語義理源深	心一堂編	稀見清代批命斷語及活套
39－40	文武星案	【明】陸位	失傳四百年《張果星宗》姊妹篇 千多星盤命例 研究命學必備
相術類			
41	新相人學講義	【民國】楊叔和	失傳民初白話文相術書
42	手相學淺說	【民國】黃龍	民初中西結合手相學經典
43	大清相法	心一堂編	重現失傳經典相書
44	相法易知	心一堂編	
45	相法秘傳百日通	心一堂編	
堪輿類			
46	靈城精義箋	【清】沈竹礽	沈氏玄空遺珍 玄空風水必讀
47	地理辨正抉要	【清】沈竹礽	
48	《玄空古義四種通釋》《地理疑義答問》合刊	沈瓞民	
49	《沈氏玄空吹虀室雜存》《玄空捷訣》合刊	【民國】申聽禪	
50	漢鏡齋堪輿小識	【民國】查國珍、沈瓞民	失傳已久的無常派玄空經典
51	堪輿一覽	【清】孫竹田	
52	章仲山挨星秘訣（修定版）	【清】章仲山	章仲山無常派玄空珍秘 門內秘本首次公開
53	臨穴指南	【清】章仲山	
54	章仲山宅案附無常派玄空秘要	心一堂編	沈竹礽等大師尋覓一生末得之珍本！
55	地理辨正補	【清】朱小鶴	玄空六派蘇州派代表作
56	陽宅覺元氏新書	【清】元祝垚	簡易・有效・神驗之玄空陽宅法
57	地學鐵骨秘 附 吳師青藏命理大易數	【民國】吳師青	釋玄空廣東派地學之秘
58－61	四秘全書十二種（清刻原本）	【清】尹一勺	玄空湘楚派經典本來面目 有別於錯誤極多的坊本